AF462318

INSTRUCTIONS GÉNÉRALES,

POUR SERVIR DE SUITE AU RÉGLEMENT

DE LA

SOCIÉTÉ DES CHORISTES,

INSTITUÉE A PARIS, LE 1er JUIN 1821,

SOUS L'INVOCATION DE Ste-CÉCILE.

PARIS,
DE L'IMPRIMERIE DE TIGER,
RUE DU PETIT-PONT, N° 10.

MAI 1823.

V

42247

RAPPORT

DE LA COMMISSION,

NOMMÉE PAR ARRÊTÉ DE COMITÉ,

EN DATE DU 2 DÉCEMBRE 1822,

Chargée de l'examen du Projet des Instructions générales, rédigé et présenté par M. LALE, *pour être annexées au Réglement de la Société des Choristes.*

MESSIEURS,

LES Membres composant votre Commission, s'étant réunis pour examiner le Projet des Instructions générales, ont nommés pour leur Président le sieur Buisson, et pour Secrétaire le sieur Lavarde.

En conséquence, et en vertu de l'Arrêté pris en Assemblée générale, le lundi 13 janvier 1823, qui autorise le Comité à entendre le rapport de la Commission, je vais, Messieurs, en qualité de Rapporteur, avoir l'honneur de vous donner lecture du Projet desdites Instructions, tel qu'il a été examiné, discuté, article par article, et arrêté par nous dans les différentes réunions que nous avons eues depuis le dimanche 7 décembre 1822, jusques et compris le lundi 27 janvier dernier, jour où nous avons terminé ce travail.

INTRODUCTION.

Messieurs,

Les Instructions que nous avons l'honneur de vous présenter ne sont que le développement des articles de notre Réglement, et les moyens d'en faire une utile application.

Chacun des Membres de l'Administration apprendra, en les méditant avec attention, à connaître la règle et les obligations qu'il aura à remplir dans l'exercice de ses fonctions.

Le Sociétaire, de son côté, acquerra la connaissance des devoirs qui lui sont imposés par les statuts de la Société dont il est Membre, et ce qu'il peut exiger d'elle quand il a droit de réclamer le fruit de ses économies.

A l'époque de la promulgation du Réglement, le sieur Gatine, alors Commissaire-Vérificateur, s'était chargé de ce travail; onze mois se sont écoulés sans que son temps lui ait permis de s'en occuper.

Votre Comité, après la démission de ce fonctionnaire, a donc cru qu'il était urgent d'en confier la rédaction à une autre personne, ces Instructions étant réclamées depuis long-temps par les Fonctionnaires et par les Sociétaires en général.

M. Lale, votre Trésorier, qui a si souvent donné des preuves de son zèle pour le bien-être de la Société, se chargea de ce travail. La Commission, qui l'a examiné avec la plus scrupuleuse attention, croit pouvoir vous assurer que le but que l'on s'est proposé lui paraît atteint.

Soyez, Messieurs, bien persuadés que votre Commission s'est pénétrée des intérêts que vous lui avez confiés, et qu'elle ne désire, pour récompense de tous ses travaux, que de voir l'union régner dans une Société dont l'honorable but tend à se secourir dans les adversités de la vie. L'observation de son Réglement et les Instructions y annexées, doivent être un sûr garant de sa prospérité.

INSTRUCTIONS
GÉNÉRALES.

CHAPITRE PREMIER.

ARTICLE PREMIER.

De la Composition du Bureau d'Administration.

(Voyez titre Ier et suivans, pages 3 et 4 du Réglement.)

ARTICLE II.

De la Recette pour les Membres qui n'ont point payé à domicile.

La recette pour tous les Membres qui n'ont point payé à domicile, commence, en Comité, à cinq heures précises, et se continue jusqu'à six heures : passé cette heure le Receveur est autorisé à ne point délivrer quittance, et le Sociétaire retardataire doit la cotisation forcée de vingt-cinq centimes pour retard de paiement. Il est donc dans l'intérêt des Sociétaires de payer au domicile de leur Receveur ; et, dans le cas contraire, de se présenter au Comité avant six heures.

ARTICLE III.

De la Tenue du Comité.

A cinq heures, tous les premiers lundis du mois, il y a Comité au lieu des Séances; les Membres de l'Administration et du Bureau sont tenus d'y assister.

Ils y font droit à toutes les réclamations des Sociétaires, entendent le rapport des opérations du mois précédent, et procèdent à l'Admission des Récipiendaires. (Voir l'art. XXVI du Réglement.)

ARTICLE IV.

De l'Admission des Sociétaires.

Pour les conditions d'admissions, voyez l'article XXXII, page 14 du Réglement, et les articles XXXIII et XXXIV, même page.

Des Obligations des Sociétaires.

Voyez l'art. XXXVI, page 15 du Réglement, et les articles suivans.

Des fausses Déclarations.

Voyez l'art. XL, page 16 du Réglement et suivans.

Des qualités mentionnées dans le Réglement, pour pouvoir faire partie de la Société.

Voyez les art. XLII et suivans, page 16.

Des Candidats surnuméraires.

Voyez page 16, les art. XLIII et XLIV; page 17, les art. XLV et XLVI.

Des Droits des Sociétaires.

Voyez les art. XLVII, page 17; XLVIII, XLIX,

L, LI, page 18; LII, LIII, LIV, page 19; LV, LVI, LVII, LVIII, page 20.

Des Pensions.

Voyez les art. LIX, LX, page 20; LXI, LXII, LXIII, LXIV, page 21; LXV, LXVII, LXVIII, page 22.

Des Indemnités et de l'Expulsion.

Voyez les art. LIX, page 22; LXX, LXXI, LXXII, page 23.

Des Exemptions de Cotisation forcée.

Voyez l'art. LXXIII, pages 23 et 24.

ARTICLE V.

Des Fonctions du Doyen.

Voyez l'art. X du tit. III, page 6 du Réglement.

Le Doyen doit, en se pénétrant de l'article réglementaire qui le concerne, ne faire usage avec fermeté du pouvoir discrétionnaire qui lui est accordé, que pour ce qui a rapport au bon ordre, et avec discernement et connaissance de cause, dans l'application des peines coercitives encourues par les Sociétaires.

CHAPITRE II.

ARTICLE PREMIER.

Du Secrétaire et de son Adjoint.

Le Secrétaire d'une Société de Secours Mutuels doit avoir assez de capacité pour pouvoir rédiger les procès-verbaux des Séances de Comité et d'Assemblées générales.

Il est chargé de convoquer les Membres pour la tenue des Assemblées générales.

Il est dans l'obligation d'assister aux Séances de Comités et d'Assemblées générales ; et, dans le cas où des affaires pressantes l'en empêcheraient, il doit prévenir assez à temps son Suppléant, pour que le service ne souffre point de son absence, sous peine d'encourir une rétribution extraordinaire pour cause de négligence dans l'exercice de ses fonctions.

ARTICLE II.

De la Tenue des Comités.

Le Secrétaire rédige l'ordre du jour, et donne lecture du procès-verbal.

Il écoute, avec la plus scrupuleuse attention, les propositions faites par les Membres du Comité et les arrêtés pris séance tenante.

Il mentionne sur son procès-verbal que, sur la proposition d'un Membre (sans désignation de nom) le Comité a pris tel arrêté.

Il s'abstient, dans la rédaction du procès-verbal, d'entrer dans tous les détails minutieux de la discussion qui a lieu dans la Séance, détails qui, par leur nature, ne peuvent être d'aucune utilité pour le service de la Société.

Il fait mention des réclamations des Membres de la Société et des sommes versées en Comité, et termine son procès-verbal ainsi qu'il suit : *Séance levée à . . . heure.*

ARTICLE III.

De la Tenue des Assemblées générales.

Le Secrétaire donne lecture du procès-verbal de la dernière Assemblée générale, et rectifie, s'il y a lieu, les divers passages qui ont paru devoir être changés dans la rédaction, si toutefois l'Assemblée juge convenable d'adopter ces changemens; ensuite il passe à la lecture des procès-verbaux de Comité. Après l'ordre du jour épuisé, il fait l'appel nominal, ou le fait faire par son Adjoint.

Il prend notes des diverses propositions qui sont faites par les Membres du Comité, en leurs qualités de fonctionnaires en exercice.

Il en sera de même de celles faites individuellement par les Membres de l'Assemblée.

Il évite, autant qu'il est possible, de mentionner sur ses notes toutes les opinions isolées de plusieurs Membres, et ne s'attache qu'à rendre compte d'une opinion motivée, qui se renferme directement dans la proposition qui sert de base à la discussion.

Enfin, sa diction doit être précise et laconique : obligation essentielle de la part d'un Secrétaire de Société de Secours Mutuels, parce qu'il est plus utile de s'arrêter à la substance de la pensée de celui qui a la parole, qu'à la tournure des phrases dont il se sert souvent pour l'exprimer.

En définitif, il doit mettre dans sa rédaction l'impartialité la plus stricte, et ne jamais employer ni subtilité ni restriction dans l'exposé des faits.

Telles doivent être les obligations du Secrétaire et de son Adjoint, dans la rédaction des procès-verbaux de Comités et d'Assemblées générales.

Le Secrétaire après avoir rédigé son procès-verbal, en extrait les arrêtés pris par l'Assemblée générale, et le transcrit sur un registre à part.

Le Secrétaire ne relate sur les procès-verbaux que les discussions concluantes à une proposition adoptée.

Il est chargé spécialement de l'inscription des Candidats; il porte, sur le procès-verbal du jour les noms, prénoms, date de naissance, et la demeure du Récipiendaire, les noms de ses présentateurs, et l'arrondissement dont il fera partie.

Il est chargé d'écrire les lettres de convocation pour les Assemblées générales et extraordinaires: il en partage le travail avec son Adjoint; il apporte la plus scrupuleuse attention dans la lettre d'avis qu'il fait passer à la Préfecture de Police.

Enfin, il apporte également le plus grand soin à ce que les lettres de convocation soient envoyées à chacun des Membres de la Société, au moins huit jours avant l'Assemblée générale.

Tous les ans il rédige un rapport sommaire des progrès de la Société.

Modèle de la Lettre adressée à M. le Préfet de Police, pour le prévenir de la tenue des Comités et des Assemblées générales.

A M. le Conseiller d'État, Préfet de Police.

Société (124) des Choristes.

M. le Préfet,

J'ai l'honneur de vous prévenir qu'en vertu de l'Article XX de son Réglement, MM. les Membres de la Société des Choristes se réuniront le lundi, ... du courant, en Assemblée générale, à 5 heures du soir, dans le lieu ordinaire, salle du Prado.

J'ai l'honneur d'être respectueusement,

Monsieur,

Votre très-humble serviteur.

(Pour les Assemblées de Comité, même protocole.)

L'adresse doit être ainsi rédigée :

A M. le Conseiller d'Etat, Préfet de Police, Division, troisième Bureau. (1)

Toutes les fois qu'un Sociétaire retardataire ne répond point à l'invitation qui lui est faite par son Receveur, de s'acquitter envers la Société de ses cotisations mensuelles et autres frais, et ce, sous peine d'encourir la radiation, le Receveur doit en faire sa déclaration au Commissaire-Vérificateur, qui invite le Secrétaire à rédiger la déclaration dont le modèle est annexé à la présente Instruction.

---

(1) Tous les ans, aussitôt que l'Annuaire de la Société sera imprimé, le Secrétaire en adressera un exemplaire à M. le Préfet de Police.

SOCIÉTÉ DES CHORISTES.

M. . . . . (on ajoutera ses prénoms et le n° de l'arrondissement) *a été rayé du nombre des Membres de la Société, au Comité du lundi 182 , en exécution du premier paragraphe de l'article LXXII du Réglement, comme devant à la Société plus de* NEUF FRANCS, *et n'ayant point répondu à son Receveur, qui l'a invité à se libérer, sous peine d'encourir la radiation.*

Le Secrétaire fera signer cette déclaration par le Doyen ; il y apposera sa signature et le timbre de la Société, et il ordonnera au Garçon de Bureau de placarder cette déclaration dans le lieu des Séances de la Société le jour de l'Assemblée générale.

A chaque Comité l'état du versement sera remis au Secrétaire par le Commissaire-Vérificateur, qui écrira le montant de la recette du jour sur un bulletin signé de lui ; ce bulletin, qui restera entre les mains du Secrétaire, lui servira à désigner les recettes au procès-verbal.

CHAPITRE III.

ARTICLE PREMIER.

Des Fonctions du Commissaire-Vérificateur.

La première obligation du Commissaire-Vérificateur est de bien méditer le Réglement, et de tenir la main à son exécution.

Ses rapports avec l'Administration et avec ses co-

Sociétaires doivent être pleins d'obligeance; et lorsqu'il se trouve obligé de frapper de cotisation forcée un Membre de la Société, il doit le faire avec prudence et impartialité, et jamais avec irréflexion; il doit éviter, autant qu'il est possible, de se tromper dans l'application des Articles coercitifs; de là, la nécessité de les bien méditer, et de s'en rapporter aux lumières des Membres de l'Administration quand il y a de sa part incertitude ou obscurité dans l'interprétation d'un des Articles réglementaires.

ARTICLE II.

Dépenses administratives.

Les dépenses demandant beaucoup d'économies, le Commissaire-Vérificateur d'une Société de Secours Mutuels doit mettre de côté toute considération particulière, et s'assurer si la Société n'aurait pas plus d'avantages à préférer le marchand qui offre le meilleur prix, que de s'adresser à un Membre de la Société, qui, par sa profession, pourrait lui fournir ce dont elle aurait besoin. Dans tous les cas, à prix égal, le Membre de la Société doit avoir la préférence.

Il faut éviter autant qu'il est possible la prodigalité et le luxe. Tout fonctionnaire qui ne se pénètre pas des principes d'économie, ne peut obtenir la confiance de ses co-Sociétaires, d'autant plus qu'avec le temps il en compromettrait les intérêts.

ARTICLE III.

Fournitures de Bureau.

Elles comprennent tout ce qui a rapport aux besoins de l'Administration, comme registres, papiers, encre, plumes, impressions, frais funéraires, garçon de bureau, etc., etc.

Les diverses fournitures doivent se faire au prix le plus modéré. L'état doit en être présenté au Comité du mois; et lorsque le Comité en autorise l'acquisition le Commissaire-Vérificateur peut, avec cette autorisation, acheter les objets mentionnés dans son rapport.

Si la dépense est au dessous de neuf francs, le Commissaire-Vérificateur peut acheter les divers objets ou fournitures de Bureau, sans en faire la demande au Comité; mais il doit se faire donner un reçu des sommes payées par lui, et faire désigner le prix de chaque objet fourni pour le service de la Société.

Il en sera de même pour toutes les fournitures ordonnancées par lui, et dont l'acquisition aura été faite en vertu d'un arrêté pris en Comité.

Tous ces reçus ou factures seront divisés en deux parties, et chaque pièce aura son n° d'ordre, à commencer du n° 1er jusqu'à celui qui terminera la gestion du fonctionnaire; elles seront placées sous enveloppe ou chemise. La première partie comprendra les acquisitions faites en vertu d'arrêtés du Comité; le Commissaire écrira, en gros caractères, sur la première page de l'enveloppe : *Diverses factures pour fournitures faites pendant les années . . . . . pour le compte de la Société, et autorisées par arrêtés de Comité, lesquelles factures ont été payées sur mandats délivrés par moi.*

(Suit le nom du Commissaire-Vérificateur.)

La seconde partie comprendra toutes les fournitures ou acquisitions faites au dessous de neuf francs. Le Commissaire-Vérificateur écrira de même sur la première page de l'enveloppe d'icelle, et en gros caractères : *Diverses factures ordonnancées par moi . . . . pendant les années . . . . . . pour le compte de la Société, étant autorisé à cet effet.*

(Suit la signature du Commissaire-Vérificateur.)

Le remboursement des avances faites par le Commissaire-Vérificateur pour le compte de la Société, se fera sur le vu du mandat ordonnancé par lui : ce mandat sera payé de suite par le Trésorier, examen fait de la signature.

Il en sera de même pour les mandats délivrés aux divers fournisseurs, qui sont tenus de se présenter chez le Trésorier pour être payés, en apposant leurs signatures au bas des reçus ou mandats.

Toutes les factures ou reçus doivent spécifier tous les objets vendus, à l'effet d'établir une spécialité exacte des divers objets achetés pour le compte de la Société, et de pouvoir en rendre un compte détaillé à la fin des gestions, à MM. les Commissaires chargés de l'examen des recettes et dépenses.

ARTICLE IV.

Des Fonctions du Commissaire-Vérificateur en Comité.

Le Commissaire-Vérificateur doit se rendre un peu avant cinq heures au Comité, s'assurer de l'exactitude des fonctionnaires à se rendre à la Séance, et de celle du Garçon de Bureau pour ce qui a rapport à la tenue du Comité.

Du Rapport mensuel fait en Comité.

Ce rapport comprend l'exécution des divers arrêtés pris en Comité, les déclarations de maladies et de décès, les mesures que le Commissaire a cru devoir prendre pour satisfaire aux demandes des Sociétaires, dans tout ce qui a rapport à leurs droits, en qualité de Membres de la Société; la nomination aux fonctions de Receveur ou de Suppléant, dans le cas de démission ou de décès; sa correspondance.

L'état où se trouvent les Malades, sur le rapport de leurs Visiteurs, ou du deuxième Adjoint, doit aussi figurer dans le compte des opérations du mois.

Il en sera de même des dépenses ordonnées par le Comité, ou de celles faites par le Commissaire, quand elles seront au dessous de neuf francs.

Il mentionnera les divers placemens qui auront été faits par Arrêté de Comité, et la totalité des sommes restantes en caisse, à compter du jour du rapport.

Ce rapport n'a pas besoin de préambule, et doit être clair et intelligible dans toutes ses parties.

ARTICLE V.

De l'Admission des Récipiendaires.

Le Commissaire-Vérificateur désigne au Récipiendaire le Receveur où il doit être classé; il fait en sorte que ce fonctionnaire se trouve rapproché du domicile du Membre admis, et invite ce dernier à lui verser de suite la moitié de son droit d'admission, le franc pour frais d'établissement et le prix du Réglement.

Dans le cas où, un mois après sa présentation, le Récipiendaire n'était point admis, ou voulait ne pas faire partie de la Société, le Commissaire-Vérificateur invite le Receveur où se trouve classé le Récipiendaire, à rayer son nom; ordonnance un mandat, le remet au Trésorier à l'effet de rembourser au Candidat la somme qu'il a versée, et retient seulement le franc du Réglement, si toutefois il se trouve altéré.

MODÈLE DU MANDAT.

M. le Trésorier voudra bien rembourser à M. . . . . . . , Candidat non admis à la Société des Choristes, la somme de . . . . qu'il a versée lors de sa présentation, comme à-compte sur son droit d'admission, laquelle somme sera portée en compte sur ses registres. A Paris, ce . . .

ARTICLE VI.

Des Déclarations de Maladies.

A la réception de la lettre à lui adressée par le Sociétaire malade, et apostillée par le premier Adjoint, le Commissaire-Vérificateur écrira de suite au Médecin honoraire de l'arrondissement le plus rapproché du Malade, l'invitera à passer de suite chez le Sociétaire, et à vouloir bien mentionner sur la feuille de prescription si le malade est hors d'état de vaquer à ses travaux habituels, ou s'il n'a besoin que des secours de médicamens.

La feuille de prescription sera remise au porteur, ainsi que celle qui a rapport au Visiteur.

Ces feuilles seront mises sous enveloppe et envoyées au Malade; une lettre sera adressée au Docteur honoraire; elle peut être ainsi rédigée :

Monsieur,

J'ai l'honneur de vous faire part que je viens de recevoir la déclaration de maladie du sieur...... Membre de la Société des Choristes; je vous prie de vouloir bien, aussitôt la présente reçue, vous transporter chez le malade pour lui donner vos soins.

Je compte sur votre zèle, et vous salue respectueusement.

Au bas de la signature du Commissaire-Vérificateur sera écrite l'adresse du malade, le n° de sa maison et l'arrondissement.

Sur l'angle de la lettre, la date et l'heure de l'envoi.

Une seconde lettre sera adressée au Visiteur en exercice; elle pourra être rédigée ainsi qu'il suit:

Monsieur,

Je vous invite à passer, dans les vingt-quatre heures de la réception de ma lettre, chez M....

Membre de la Société des Choristes, à l'effet de le visiter en maladie; vous voudrez bien mentionner sur la feuille que vous trouverez chez le malade, le jour de votre visite; cette feuille restera chez lui, et tous les cinq jours sera signée par vous.

Immédiatement après votre visite, vous vous transporterez chez moi, muni de la feuille de M. le Médecin et signée par lui; je vous remettrai le Mandat des cinq premiers jours de traitement pécuniaire; ce Mandat vous sera payé de suite par M. le Trésorier.

Je compte sur votre zèle, et vous salue.

(Suivent la Signature et la demeure de M. le Commissaire-Vérificateur.)

Ces deux lettres doivent être remises au porteur de la déclaration de maladie, ainsi que la feuille de prescription, pour être envoyées de suite à leurs adresses; et, dans le cas où la déclaration aurait lieu par la poste, elles seront envoyées par la même voie et affranchies par le Commissaire-Vérificateur, qui retiendra le montant du port sur le premier versement qui sera fait au Visiteur.

Comme il peut arriver que le réclamant se trouve reliquataire envers la Société de plusieurs mois de cotisation mensuelle, frais de bureau et cotisations extraordinaires, le Commissaire-Vérificateur est autorisé à retenir progressivement sur le traitement pécuniaire, la somme due par le Sociétaire malade; mais il ne peut exiger que 1 fr. 50 c. par cinq jours

BIBLIOTHÈQUE ROYALE
I

de traitement, à compter seulement du second paiement, à la charge par lui, Commissaire-Vérificateur, de faire verser les sommes dues par le malade, entre les mains du Receveur de son arrondissement, pour être portées sur le bordereau courant, et d'en donner quittance audit Sociétaire malade; mais s'il arrivait que le malade vint à décéder, il retiendrait sur ses frais funéraires la totalité de la somme due par le défunt, ainsi que le mois courant, dans le cas où le décédé se serait trouvé au pair à l'époque de sa déclaration de maladie.

Le Commissaire-Vérificateur ne peut faire droit à aucunes réclamations de traitement pécuniaire, si le déclarant n'a point fait viser sa lettre au premier Adjoint, pour constater l'état financier de ses cotisations; et, dans le cas contraire, il doit renvoyer le porteur chez le premier Adjoint, à l'effet de remplir cette formalité.

Il doit donc demander avant tout au porteur de la lettre s'il est muni de cet état; il doit s'assurer de son contenu; et, dans le cas où le montant de la dette priverait le réclamant des secours pécuniaires accordés en maladie, il doit prévenir le réclamant par une lettre qui peut être ainsi rédigée :

Monsieur,

Je suis bien fâché de ne pouvoir vous faire accorder les secours pécuniaires que vous réclamez; mais d'après l'état annexé à la dernière quittance du Receveur de votre arrondissement, il m'est impossible de satisfaire à votre demande sans encourir toutes les rigueurs du Réglement.

Recevez, je vous prie, l'assurance de mes sincères regrets.

(Plus bas le montant des sommes dues par le réclamant.)

Cette lettre est remise au porteur, et rien de plus. Mention est faite de ladite lettre dans le rapport des opérations du mois.

Nota. Si à l'arrivée du porteur de la lettre le premier Adjoint était absent, le Commissaire-Vérificateur n'en doit pas moins remettre au porteur les lettres et feuille de prescription, afin d'éviter tous retards dans les secours accordés par la Société; dans ce cas seulement il fera passer par la voie la plus prompte, la lettre de déclaration de maladie au premier Adjoint, et se la fera remettre avant l'arrivée du Visiteur.

Toute lettre écrite dans l'intérêt du Sociétaire, et adressée par lui aux fonctionnaires de la Société, doit être affranchie.

Il n'en sera point de même pour celles qui auraient rapport aux intérêts lésés du Sociétaire; si ses réclamations sont fondées, les frais de port sont à la charge de la Société.

Toute déclaration de maladie, envoyée par la poste, oblige le Commissaire-Vérificateur d'employer la même voie pour prévenir le Médecin et le Visiteur; il en résulte la plupart du temps beaucoup de retard dans les avis donnés aux personnes chargées de secourir le Malade, et des frais de port qui doivent être à la charge du réclamant.

Pour obvier autant que possible à ces inconveniens, nous recommandons à tous les Membres de la Société de charger un de leurs amis ou un commissionnaire de leur déclaration de maladie: c'est la marche la plus prompte pour obtenir de suite les secours qu'ils réclament.

Dans les déclarations de maladie il peut arriver que le Médecin honoraire soit indisposé et ne puisse se rendre de suite chez le Malade ; le Commissaire-Vérificateur, sur l'avis qu'il en reçoit, doit écrire au Docteur le plus rapproché du Malade, et l'inviter, vu l'indisposition du premier, à vouloir bien le remplacer, et à remplir auprès du Malade les mêmes formalités, pour ce qui a rapport à la feuille de prescription et aux bons de médicamens.

ARTICLE VII.

Des Mesures à prendre en cas de fausse Déclaration de Maladie.

S'il arrivait à la connaissance du Commissaire-Vérificateur que le Malade a trompé la Société, soit en se faisant soigner pour une maladie secrète, soit pour une blessure reçue dans une rixe, le Commissaire ne doit rien négliger pour s'assurer de la vérité. Il doit agir avec prudence et discrétion, s'adresser au Médecin honoraire de l'arrondissement, lui faire part des rapports faits sur le compte du Malade, et l'inviter à se transporter chez lui, à l'effet de s'assurer de la vérité. Il en sera de même pour les maladies chroniques.

S'il y a doute sur la déclaration du premier Médecin, le Commissaire-Vérificateur doit provoquer une visite extraordinaire, réunir le premier Docteur à celui de l'arrondissement le plus rapproché du Malade, et inviter ces deux Médecins à le visiter séparément, et ensuite s'en rapporter à leur déclaration.

ARTICLE VIII.

Cas de Collusion du Sociétaire avec le Visiteur.

S'il arrivait qu'un Visiteur, par condescendance pour un ami, s'entendît avec lui pour prolonger le traitement de maladie, ou qu'il fût à la connaissance du Visiteur que le Malade est attaqué d'une maladie secrète ou de blessures reçues dans une rixe; si on acquiert la preuve de collusion avec le Visiteur, que le Malade trompait la Société, alors le silence du Visiteur le rend passif d'une cotisation forcée, et le Malade est dans l'obligation de restituer à la Société toutes les sommes qu'il a touchées pendant son traitement, sous peine d'être poursuivi judiciairement.

Il en sera de même à l'égard du Visiteur qui aurait partagé le traitement avec le Malade, ou qui aurait retenu ce traitement et se le serait approprié pour ses besoins.

Si le cas était prouvé, le Visiteur serait rayé de la liste des Membres de la Société, comme ayant manqué à l'honneur; et les motifs qui auraient fait prendre cette mesure par l'Assemblée générale, seraient inscrits à l'Annuaire, afin qu'aucuns des Membres de la Société n'en prétendissent cause d'ignorance.

ARTICLE IX.

Demande de Bons de médicamens.

Toutes les fois que le Malade dans sa lettre d'avis, réclamera les bons de médicamens, le Commissaire-Vérificateur ajoutera aux deux feuilles de prescription, six bons inprimés, et le tout sera remis au Malade.

Ces bons doivent être remis un à un, au Médecin honoraire, à l'effet de prescrire au Pharmacien les médicamens à délivrer au porteur pour le service du Malade.

Le Pharmacien est autorisé à retenir chaque bon signé du Médecin, et à fournir, pour le compte de la Société, les médicamens mentionnés sur les bons.

Le Commissaire aura soin de prévenir le Malade, par une lettre, qu'il n'a droit aux secours de médicamens que jusqu'à la valeur de vingt francs ; et que dans le cas où les besoins de sa maladie exigeraient une dépense plus forte que celle prescrite par le Réglement, ce surplus reste sur son compte.

Il lui déclarera en outre que du moment qu'il pourra disposer d'une Carte de Dispensaire il la lui fera passer ; et, qu'à compter du jour où la première visite du Médecin du Dispensaire aura lieu, tous les secours de médicamens lui seront retirés ; cette déclaration sera motivée sur l'usage du Dispensaire d'accorder les médicamens gratis à tous ses Malades.

Modèle de la Lettre.

Monsieur,

J'ai remis six bons au porteur de la présente ; vous voudrez bien en faire part au Médecin honoraire qui est appelé à vous visiter, et qui écrira ses ordonnances, à l'effet de vous procurer les médicamens dont vous pourrez avoir besoin : ces bons imprimés seront remis à M. le Pharmacien de la Société (suivent la demeure du Pharmacien et le numéro de sa maison.) *Je vous invite à ne point dépasser la somme de vingt francs, ou vous serez dans la stricte obligation de rembourser le surplus. Je vous salue.*

Aussitôt qu'une Carte de Dispensaire sera à la

disposition du Commissaire-Vérificateur, il la fera passer au Malade; et dans le cas où il s'en trouverait plusieurs, il préférera toujours celui qui serait attaqué d'une maladie grave.

Il enverra cette Carte sous enveloppe à M. l'Agent du Dispensaire de l'arrondissement du Malade, avec une lettre de recommandation qui peut être ainsi rédigée :

Monsieur,

J'ai l'honneur de vous recommander M. . . . . Membre de la Société des Choristes. Ce Sociétaire est dangereusement malade et se recommande à votre sollicitude.

(*Suivent la signature du Commissaire, la demeure du Malade et le n° de sa maison, ainsi que l'arrondissement.*)

Cette lettre peut être remise au porteur si toutefois, au moment de la déclaration, il se trouvait une Carte de Dispensaire de disponible, ou au visiteur; mais en admettant que l'on soit privé de l'un et de l'autre, il ne faut point différer de l'envoyer par la poste, franche de port; le Commissaire retient sur ses dépenses imprévues les ports de lettres qu'il est obligé d'affranchir.

Un Malade, après avoir reçu la visite du Médecin du Dispensaire, peut être pendant quelques jours privé des conseils de ce Docteur.

(Ce cas n'est arrivé qu'une seule fois depuis l'établissement de la Société, et il nous a été prouvé qu'il n'avait point dépendu du Docteur de faire mieux.)

Si le Malade a droit de se plaindre, il doit écrire de suite au Commissaire-Vérificateur, et lui faire part que depuis plusieurs jours il est privé des conseils du Docteur chargé, par le Dispensaire, de le soigner en maladie.

A la réception de la lettre, le Commissaire-Vérificateur doit écrire à l'Agent du Dispensaire de l'arrondissement du Malade ; il aura soin d'affranchir la lettre.

MODÈLE DE SA LETTRE.

Monsieur,

Un de nos Co-Sociétaires malade se plaint de ne point recevoir depuis plusieurs jours la visite du Docteur chargé, par le Dispensaire, de lui donner des soins.

Veuillez, je vous prie, engager M. le Docteur à se transporter chez le réclamant, à l'effet de lui donner les secours de son art, et à redoubler de zèle et de soins auprès de celui que j'ai eu l'honneur de vous recommander au nom de la Société des Choristes.

J'ai l'honneur d'être, avec respect,

(Suivent la signature, la demeure du Malade, et le n° de sa maison.)

Le Commissaire classe la minute de cette lettre dans sa correspondance, pour s'en servir en cas de réclamation..

Tous les ans, dans le courant de Janvier, MM. le Commissaire et les Membres de l'administration souscrivent, au nom de la Société, pour deux Cartes de Dispensaire : ces cartes restent entre les mains du

Commissaire-Vérificateur, pour en disposer conformément à ses Instructions.

Le Commissaire-Vérificateur aura le plus grand soin de recommander au Visiteur de ne point manquer d'aller au moins tous les cinq jours visiter le Malade, et de lui rendre un compte exact de sa situation.

Si, par le rapport du Visiteur, le Commissaire-Vérificateur s'apercevait que le Malade n'est point en état de vaquer à ses occupations, et que ce n'est que par pure délicatesse qu'il se décide à ne plus toucher le traitement pécuniaire, le Commissaire écrira au deuxième Adjoint, et l'invitera à passer chez le Malade, à l'effet de le prier de consulter le Médecin honoraire, et d'obtenir de lui l'autorisation écrite, du jour où il pourra reprendre ses travaux sans courir aucun danger et s'exposer à une rechute.

ARTICLE X.

Règle générale.

Si, après deux jours de la déclaration de maladie, le Commissaire-Vérificateur ne voyait point arriver le Visiteur, il doit faire remettre dans le jour une invitation au deuxième Adjoint de se transporter chez le Malade pour prendre des renseignemens sur les causes du retard qui prive le Malade des Secours accordés par la Société.

Un Malade ne peut reprendre ses travaux sans l'ordre écrit du Médecin honoraire de la Société ou du Docteur envoyé par le Dispensaire; cet ordre est apporté, par le Visiteur, au Commissaire-Vérificateur, qui ordonnance les bons pécuniaires jusqu'au jour indiqué par la déclaration du Médecin. Il en sera de même pour les sorties. Si le Malade a besoin de se promener et de prendre un long exercice, il faut qu'il en parle à son Médecin, et qu'il le prie de vouloir bien le mentionner sur la feuille de prescription : avec cette formalité le Malade est à l'abri de tous soupçons de négligence dans les soins qu'il doit prendre de sa santé.

M. le Commissaire-Vérificateur invitera le deuxième Adjoint à visiter les Malades une fois au moins tous les douze jours. Ce fonctionnaire doit être prévenu par une lettre affranchie, ou de vive voix : cette visite a pour but de s'assurer de l'exactitude du Visiteur et de reconnaître l'état du Malade.

ARTICLE XI.

Des Cas où le Visiteur ne remplirait point avec zèle et exactitude ses Fonctions auprès du Malade.

Du moment où le Commissaire-Vérificateur est instruit de la négligence d'un Visiteur, il doit lui écrire de suite sans affranchir la lettre, et il doit aussi le prévenir que des plaintes graves, soit du Malade ou du deuxième Adjoint, lui ont été adressées sur son compte; l'inviter à lire ses Instructions, et s'assurer si le Visiteur, après la réception de sa lettre, a fait des efforts pour réparer ses négligences. Dans le cas contraire, le Commissaire invitera le deuxième Visiteur de l'arrondissement du Malade à remplir provisoirement les fonctions du premier.

Rapport sera fait au premier Comité sur la négligence du Visiteur, qui sera invité par une lettre à s'y présenter.

Si le Visiteur mandé est absent, le rapport n'en sera pas moins fait sur son compte, et le Comité lui fera appliquer l'art. LXXIX du Réglement.

ARTICLE XII.

Des Déclarations de Maladies, (extra muros.)

Voyez l'art. L, page 18 du Réglement.

Les secours pécuniaires ne peuvent être accordés que sur le vu d'un certificat signé du Docteur qui a été appelé auprès du Malade.

Ce certificat doit constater que le Médecin est patenté, le jour où il a été appelé pour donner les secours de son art au Malade, et le jour où il aura cessé ses visites.

Dans le cas seulement où la maladie, d'après la déclaration du Médecin, paraîtrait devoir prendre un caractère grave, et durer plus de quinze jours, le Commissaire-Vérificateur est autorisé, et ce à compter de la déclaration de maladie, à envoyer, tous les quinze jours au moins, un membre nommé d'office, et pris, s'il est possible, dans la classe des Visiteurs, pour visiter le Malade et s'assurer de son état.

Il sera, à cet effet, alloué une indemnité au Visiteur, en raison des distances qu'il aura à parcourir; savoir, pour les communes *extra muros*, attenantes aux barrières de Paris, 1 franc; pour toutes celles qui se trouveraient au dessus de cette limite, 1 franc 50 centimes. Cette indemnité sera payée par la caisse de la Société sur les dépenses imprévues.

Ce Visiteur sera porteur d'une lettre signée du Commissaire-Vérificateur, et revêtue du timbre de la Société, à l'effet de légaliser auprès du Malade la démarche du Visiteur.

Dans le cas de Décès.

Si le malade venait à décéder, un Membre du Bureau ou de la Société, nommé d'office, sera invité à se transporter en la Commune du décédé pour assister aux funérailles. Ce Membre sera porteur de la somme allouée par la Société, sauf les retenues faites conformément aux articles réglementaires.

Il sera chargé de commander le convoi, prendra quittance des sommes versées, et remettra le tout au deuxième Adjoint.

Il sera payé au Commissaire chargé de régler le convoi une somme de 4 fr. pour l'indemniser de la perte de son temps. Cette somme sera portée en déduction sur la somme allouée par la Société pour les Convois, et sera retenue par le Commissaire-Vérificateur à la famille du décédé.

Observation.

Mais s'il arrivait que le Commissaire-Vérificateur fût prévenu après le Convoi, il est autorisé à ne point délivrer de mandat à la famille du défunt.

Le porteur de l'avis du décès doit être muni d'un acte signé par le Maire ou l'Adjoint de la commune du défunt, qui constatera la mort du Sociétaire. On doit aussi faire part du jour et de l'heure du convoi, afin d'éviter toute fausse démarche.

ARTICLE XIII.

De la reprise des travaux du Malade, après avoir reçu le Traitement.

Lorsqu'un Sociétaire aura repris ses travaux, le Commissaire-Vérificateur invitera le Visiteur à rapporter les feuilles de prescription et les bons de médicamens, s'il en reste chez le Malade.

Il écrira ensuite à M. l'Agent du Dispensaire, et le priera de renvoyer la Carte qu'a dû lui remettre le Médecin traitant.

Modèle de la Lettre, qui pourra être rédigée ainsi :

Monsieur,

Le S. . . . . . . Membre de la Société des Choristes, étant parfaitement rétabli, et ne recevant plus les Secours du Dispensaire dont il n'a qu'à se louer, vous voudrez bien mettre la Carte sous enveloppe, et me la faire passer par la voie de la poste.

Recevez, Monsieur, pour moi en mon particulier, et pour toute la Société, l'hommage de notre reconnaissance.

(Suivent la Signature, la qualité et la demeure du Commissaire-Vérificateur.)

ARTICLE XIV.

Déclaration de Décès d'un Sociétaire, (intra muros.)

Le Commissaire-Vérificateur doit exiger avant tout de la part du deuxième Adjoint, la preuve du décès ; il lui délivrera un mandat de la somme accordée par la Société, sauf la retenue mentionnée dans l'Instruction qui a rapport aux funérailles des Membres de ladite Société. Il fait la récapitulation des Membres contribuables de la Société, et fixe la cote de chacun pour le remboursement du convoi à la somme de soixante-quinze centimes. (*Arrêté de l'Assemblée générale du 13 janvier 1823.*)

Il adresse, dans les vingt-quatre heures, une circulaire à chacun des Receveurs des Arrondissemens. Cette circulaire peut être ainsi rédigée :

Monsieur,

J'ai l'honneur de vous prévenir que le S. . . . . Membre de la Société des Choristes, est décédé le . . . . . . (puis le jour, la date et l'heure de l'inhumation, et l'église où la cérémonie religieuse a été faite.)

Veuillez, je vous prie, donner lecture de cette circulaire à tous les Membres de votre arrondissement, et réclamer de chacun d'eux la somme de 75 centimes pour l'acquit des dépenses faites par la caisse de la Société, pour le convoi du défunt. Je vous salue,

(*La signature et la date de la Circulaire.*)

Au bas de la lettre le nombre des Membres payans, et le total de leur quote-part.

ARTICLE XV.

De la Nomination aux places de Receveurs et de Visiteurs.

Le Commissaire-Vérificateur a un tableau où se trouvent classés tous les noms des Sociétaires, leurs demeures et leurs qualités.

Les noms doivent être inscrits par ordre alphabétique, et classés par arrondissemens administratifs.

Lors du renouvellement du Bureau, il fait venir chez lui les Suppléans des Receveurs en fonctions, s'assure de leur capacité; et, dans le cas où un ou plusieurs se trouveraient incapables d'exercer cette fonction, ne sachant lire ni écrire, il les classera dans les Visiteurs.

Il procédera à la nomination des Suppléans pour chaque Receveur de la même manière.

Immédiatement après avoir procédé au remplacement des Receveurs et de leurs Suppléans, il passera aux Visiteurs.

Il nommera deux Visiteurs par arrondissement : le premier sera six mois en exercice, et le deuxième entrera en exercice immédiatement après, pour les six derniers mois de l'année.

Ils alterneront tous deux pendant leur année d'exercice, et ne pourront être appelés que dans leur arrondissement.

Le Commissaire-Vérificateur aura donc un tableau de tous les Receveurs dont l'exercice est terminé; en regard se trouveront les noms des Visiteurs qui auront exercé cette fonction dans l'arrondissement respectif de chaque Receveur.

En tête de ce tableau sera inscrit : *Exercice de* 18. . . .

Lorsqu'il arrivera une ou deux démissions, le nom qui suit doit être appelé pour l'exercice de la fonction.

Dans le cas de non-capacité, il appellera celui qui suit immédiatement, et ainsi de suite.

Il enverra à tous les Membres nommés une lettre d'avis. Cette lettre doit être envoyée à chaque fonctionnaire, au plus tard le 20 décembre, et toujours avant l'Assemblée générale qui termine l'année financière de la Société; il aura soin de prendre note de ceux qui refuseront les fonctions (voyez les articles LXXXI et LXXXIII du Réglement), et il procèdera de suite à leur remplacement.

Le Commissaire-Vérificateur prendra note des noms des Sociétaires démissionnaires, les fera passer à leurs Receveurs respectifs, et les invitera à percevoir dans le mois les rétributions imposées à chacun des Membres démissionnaires de leurs arrondissemens. Cette liste sera prise en double, et copie en sera envoyée au premier Adjoint.

ARTICLE XVI.

De la surveillance immédiate du Commissaire-Vérificateur sur les Receveurs, les Malades et leurs Visiteurs.

Le Commissaire-Vérificateur doit apporter la plus grande surveillance à ce que les bordereaux des Receveurs soient rédigés avec netteté, ainsi que les quittances délivrées aux Sociétaires.

Quand il s'aperçoit que le Receveur apporte de la négligence dans cette partie, il le reprend avec douceur, lui apprend la manière de classer avec ordre l'état financier de chacun de ses Administrés.

Mais si le Receveur, soit par incapacité notoire ou mauvaise volonté, persistait dans ses irrégularités, il est essentiel pour l'intérêt de la Société de le remplacer de suite.

Il en sera de même d'un Receveur qui s'approprierait les cotisations d'un ou de plusieurs de ses Administrés, et n'en rendrait point compte au Comité. Lorsque le Commissaire-Vérificateur apprendra qu'un des Receveurs n'a plus de domicile fixe, il est autorisé à le faire remplacer de suite, et en fera un rapport au Comité suivant, avec les motifs qui l'ont déterminé à remplacer le titulaire.

Lorsque, par le rapport du premier Adjoint, le Commissaire-Vérificateur aura acquis la preuve que des Sociétaires ont versé leurs cotisations entre les mains de leur Receveur, mais que celui-ci n'en a pas tenu compte, et n'a fait aucun droit à l'invitation qui lui en a été faite de verser ladite somme, il est d'obligation au Commissaire-Vérificateur d'en donner connaissance au Comité suivant, et de demander qu'il soit fait au Receveur l'application, pour la première fois seulement, de l'art. LXXVI du Réglement, et s'il y avait récidive, alors le Receveur encourrait la radiation comme concussionnaire, sans préjudice des poursuites judiciaires.

Lorsque le Commissaire-Vérificateur est prévenu,

par un Visiteur, que le Sociétaire malade qu'il est chargé de visiter, lui paraît parfaitement rétabli et en état de reprendre ses travaux, il en informe aussitôt le deuxième Adjoint, afin qu'il passe chez le Malade pour s'assurer de son état. Si le rapport de ce fonctionnaire est conforme à celui du Visiteur, le Vérificateur suspend de suite le traitement pécuniaire (après toutefois en avoir prévenu le convalescent), et invite le Médecin honoraire à passer chez le Sociétaire, afin de s'assurer au juste de son état.

Alors si le docteur juge à propos de prolonger la convalescence, le Vérificateur continuera le traitement, en reprenant du jour où il aura été suspendu ; si, au contraire, il confirme le rétablissement, la suspension continuera d'avoir lieu, sauf les réclamations que le Sociétaire pourrait adresser au Comité suivant, contre la mesure prise à son égard.

Le Commissaire-Vérificateur est responsable, en ce qui le concerne, de l'exécution de la présente Instruction, sous peine d'encourir la cotisation forcée pour cause de négligence.

ARTICLE XVII.

De la classification des pièces de Comptabilité.

Le Commissaire-Vérificateur classe sous une seule et même enveloppe toutes les lettres d'avis de déclarations de maladies, ajoutant, à chacune des lettres, la feuille de prescription du Médecin et celle du Visiteur, qui auront soigné et visité le malade.

Sur la première feuille de l'enveloppe sera écrit : *Déclarations de Maladies et feuilles de prescriptions de MM. les Médecins et Visiteurs.*

Le tout sera classé par n° d'ordre, correspondant au registre du Commissaire-Vérificateur, en commençant par le n° 1er de la gestion du fonctionnaire, et inclusivement jusqu'au dernier n° qui finira avec ses fonctions.

Il en sera de même pour tous les rapports faits en Comité.

Ces rapports doivent être mis sous enveloppe, et avoir pour titre : *Rapports faits en Comité, ou en Asssemblée générale, pendant l'exercice de mes fonctions.*

Les rapports doivent avoir un n° d'ordre, en commençant par le n° 1er jusqu'au dernier n° qui finira avec ses fonctions.

Il inscrira, sur un petit registre à part, le titre seulement de chaque rapport, avec le n° correspondant à celui inscrit sur chacun des rapports.

ARTICLE XVIII.

De la Correspondance.

Toutes les lettres reçues, et qui ont rapport aux réclamations des Sociétaires, seront mises sous une seule et même enveloppe.

Sur la première feuille de l'enveloppe sera écrit, en gros caractères : *Correspondance pendant les années* 18 . . *et* 18 . . *etc.*

Tous les reçus qui ont rapport aux frais de funérailles des Membres décédés pendant l'exercice du Commissaire-Vérificateur, doivent être classés avec le même ordre.

Sur la première enveloppe sera inscrit : *Divers reçus pour frais de funérailles des Membres décédés pendant l'exercice de mes fonctions.*

ARTICLE XIX.

Des Pensionnaires.

Tout Sociétaire qui a droit à réclamer la pension, doit adresser les pièces à l'appui de sa réclamation au Commissaire-Vérificateur, qui, après en avoir pris connaissance, fait un rapport au Comité sur cette réclamation.

Alors le Comité décide si l'on fera droit à la demande du Sociétaire.

Ces pièces sont déposées dans le carton du Commissaire, et sur la première feuille de l'enveloppe, est écrit : *Diverses pièces à l'appui des réclamations des Pensionnaires.*

ARTICLE XX.

De la Tenue des Registres.

A cet égard nous invitons le Commissaire-Vérificateur, en exercice, à suivre la marche déjà tracée par ses prédécesseurs ; elle ne laisse rien à désirer sous les rapports de la classification et de la netteté : nous pouvons même ajouter qu'elle fait honneur aux talens des sieurs Lobreau de Nouvion et Gatine, ci-devant Membres de la Société, et attachés à l'administration ; le premier en qualité de Secrétaire, et le second de Commissaire-Vérificateur.

De la Déclaration de Maladie du Commissaire-Vérificateur.

La déclaration de maladie de ce fonctionnaire doit être adressée à son premier Adjoint, qui, à compter de ce jour, le remplace de droit dans toute l'étendue de ses fonctions.

Le premier Adjoint prendra note de ses opérations sur un registre particulier, jusqu'à ce que son titulaire reprenne l'exercice de ses fonctions.

Il donnera avis au Trésorier du jour où il exerce l'emploi de Vérificateur, et de celui où le Titulaire aura repris, afin d'éviter tout retard dans l'acquit des mandats qu'il aura délivrés aux Visiteurs ou Fournisseurs.

CHAPITRE IV.

Des Fonctions du premier Adjoint.

Les deux Adjoints sont mis en fonctions et reçoivent leurs instructions du Commissaire-Vérificateur.

Les fonctions du premier Adjoint sont de connaître toute espèce de comptes des Sociétaires avec leurs Receveurs, et de ceux-ci envers la Société.

Il doit, à cet effet, tenir un registre contenant les huit arrondissemens, chacun en forme de tableau, dans lesquels il écrira, à leurs cases, ce que les Sociétaires auront payé ; les cases restées en blanc indiqueront ce qu'ils doivent.

Il devra faire ce travail tous les mois, après vérification des bordereaux qui lui sont remis trois jours au moins après la tenue du Comité.

Il doit, dans la première quinzaine du mois, signaler aux Receveurs les erreurs qu'ils auraient pu faire, soit dans leurs intérêts, soit dans celui des Sociétaires ou de la Société. Ces erreurs doivent être rectifiées, s'il se peut, avant la tenue du Comité suivant; et dans le cas où le Receveur négligerait d'y faire droit, rapport doit en être fait au Commissaire-Vérificateur.

Tous les mois le premier Adjoint remettra au Commissaire-Vérificateur le nom des Membres qui auront encouru la radiation.

Il notifiera aux Receveurs les divers frais ou cotisations forcées qu'ils sont autorisés à percevoir de leurs administrés.

Dispositions générales.

Dans le cas de négligence dans la tenue du registre du Receveur, ou dans les comptes par lui établis sur les bordereaux du mois, le premier Adjoint doit en donner avis au Receveur, et l'inviter amicalement à apporter à l'avenir la plus sévère attention à ce que son registre et ses bordereaux soient en règle, écrits et chiffrés d'une manière intelligible. Si le Receveur néglige de se conformer à ses avis, il fait appliquer au Receveur la cotisation extraordinaire mentionnée en l'article LXXVI du Réglement.

Si le Receveur a versé plus qu'il n'a reçu, cette

somme doit lui être remise au Comité suivant. Rapport doit en être fait au Commissaire-Vérificateur, qui, de suite, autorise le Trésorier à verser entre les mains dudit Receveur la somme versée en plus; il en sera de même pour celle qui aurait été versée par le Sociétaire à son Receveur : on observera les mêmes formalités.

Le premier Adjoint aura soin de spécifier au bas du bordereau de versement, que la somme versée en plus a été remboursée au Receveur, ou à qui de droit. Ce reçu sera signé par le Receveur.

Quand un Receveur aura reçu des cotisations mensuelles, ou tout autre rétribution, et qu'il sera prouvé qu'il ne les a point versées en temps opportun, le premier Adjoint invitera le Receveur retardataire à passer chez lui, lui fera exhiber son livre-journal, et l'invitera à verser la somme retenue par lui au Comité suivant. Si le Receveur négligeait de le faire, le premier Adjoint en ferait son rapport au Commissaire-Vérificateur.

S'il arrivait que le Receveur négligeât de percevoir toutes cotisations extraordinaires avant la cotisation mensuelle, le premier Adjoint invitera, pour la première fois seulement, le Receveur à se conformer à l'article du Réglement qui veut que ces sortes de rétributions soient versées avant tout.

Et dans le cas où ledit Receveur ne ferait point droit à l'avis qui lui aurait été donné, le premier Adjoint est autorisé à faire un Rapport au Commissaire-Vérificateur, et à mentionner que c'est pour la deuxième fois que le Receveur est convaincu de négligence dans l'exercice de ses fonctions.

Si, vérification faite du livre-journal et du bordereau, il est démontré au premier Adjoint que le Receveur, par incapacité notoire, ne peut continuer à exercer ses fonctions sans compromettre ses intérêts ou ceux de la Société, le premier Adjoint en fera un rapport au Commissaire-Vérificateur, qui procédera de suite au remplacement de ce fonctionnaire.

Le premier Adjoint doit apporter le plus grand soin à ce que le tableau de comptabilité, pour l'année financière de chaque Sociétaire, soit écrit d'une manière intelligible; et en cela nous invitons le fonctionnaire, premier Adjoint, en exercice, à se conformer au travail commencé par M. Moisy, le premier de la Société qui a été appelé à cette fonction à l'époque de la mise à exécution de son Réglement.

En suivant la marche adoptée par ce fonctionnaire, ses successeurs ne peuvent que gagner pour l'emploi de leur temps et éviter des recherches, toutes les fois qu'ils auront besoin de consulter le tableau ou l'état financier de chaque Sociétaire, pour lui faire accorder des secours en maladie et faire droit aux réclamations de chacun.

Des Fonctions du premier Adjoint dans les cas de Réclamations de Secours en Maladie.

A la réception de la lettre d'avis du Sociétaire, le premier Adjoint consultera son tableau et s'assurera de l'état où se trouve le réclamant à l'égard de la Société; et si le réclamant est à jour, il écrira au bas de la lettre : *Bon à accorder les secours demandés*. Si le réclamant était redevable de deux mois et autres rétributions forcées, il voudra bien le mentionner.

Et dans le cas où il n'aurait point entièrement payé son droit d'admission, ou qu'il se trouverait reliquataire de plus de trois mois de cotisations mensuelles, le premier Adjoint en fera mention sur la lettre d'avis, et la fera passer de suite au Commissaire-Vérificateur. Si l'avis lui est parvenu par la poste, il emploiera la même voie. Dans le premier cas seulement, le porteur de la lettre d'avis sera invité par lui à se transporter chez le Commissaire-Vérificateur, dont il lui donnera l'adresse, si toutefois elle ne se trouvait pas sur la lettre d'avis ou entre les mains du porteur.

Il doit apporter la plus grande diligence, et faire en sorte que les secours demandés n'éprouvent aucun retard.

Dans le cas d'absence du premier Adjoint.

Il peut arriver que le premier Adjoint soit absent de son domicile au moment où se présente la personne porteur de l'avis d'une déclaration de maladie; (ce cas a été prévu dans l'Instruction du Commissaire-Vérificateur.) A la réception de la lettre de ce fonctionnaire, le premier Adjoint doit s'empresser d'y répondre, et employer la voie la plus expéditive pour faire parvenir sa réponse, puisque les secours ne peuvent être donnés que sur le vu de l'état du Sociétaire, et que cet état est à la disposition du premier Adjoint.

Dans le cas d'absence pour plusieurs jours.

Le deuxième Adjoint remplace de droit le premier. C'est à ce fonctionnaire que le tableau est remis par le premier Adjoint, qui a soin de prévenir les personnes chargées de répondre pour lui d'envoyer chez son suppléant toutes celles qui se présenteraient porteurs de déclarations de maladie, ou les lettres qui lui seraient adressées pour le même motif. Ces lettres devant porter sur leurs enveloppes *Déclaration de Maladie*, seront faciles à reconnaître par les personnes chargées de les recevoir.

Dans la première quinzaine de décembre de chaque année, le premier Adjoint remettra au Commissaire-Vérificateur l'état par arrondissement de l'arriéré de chaque Sociétaire; et, sur un bordereau particulier, il se fera rendre compte de toutes les sommes reçues par chacun des Receveurs, pour les mois antérieurs à celui de décembre : cette mesure est urgente pour faire entrer dans la caisse toutes les cotisations perçues jusqu'au 30 novembre de l'année courante.

A compter du 1er décembre de chaque année *(fin de l'année financière)*, le premier Adjoint invitera MM. les Receveurs à porter, sur une feuille volante, la recette du mois jusque inclusivement le Comité du premier lundi de janvier, époque de l'entrée en fonctions de leurs successeurs.

CHAPITRE V.

Des Fonctions du deuxième Adjoint.

Le deuxième Adjoint est spécialement chargé de s'assurer de l'exactitude des Visiteurs et des Convois.

Pour la première partie il est dans l'obligation de se transporter au domicile du Malade, lorsqu'il en est requis par le Commissaire-Vérificateur; de s'y faire exhiber la feuille de prescription, et de s'assurer si le Visiteur se rend exactement tous les cinq jours au moins chez le Malade.

Et dans le cas où le Visiteur négligerait son service, de laisser, pour la première fois, une invitation écrite au Visiteur, de se conformer à l'avenir à ses Instructions, sous peine d'encourir la cotisation forcée.

Cette mesure ne sera prise que dans le cas seulement où le Visiteur serait venu voir le Malade et n'aurait pas signé la feuille.

Mais si le Visiteur avait oublié l'intérêt du Malade, en négligeant de lui apporter à jour nommé les secours qui lui sont dus par la Société, ou que, par complaisance, il se fût entendu avec le Malade pour les lui faire donner, sachant que le Malade est en état de reprendre ses travaux; en cela on s'en rapporte à la prudence de l'Adjoint, qui doit avant tout se procurer la preuve la moins suspecte pour s'assurer du fait, et s'adresser avant au Médecin, pour connaître l'état du Malade.

Le deuxième Adjoint est obligé de faire de suite un rapport à M. le Commissaire-Vérificateur, et de lui rendre un compte exact de ce qui se passe, soit dans l'intérêt du malade, soit dans celui de la Société, sous peine d'encourir la cotisation forcée. (*Art. LXVI du Réglement.*)

Si le rapport était confirmé dans l'un ou l'autre cas mentionnés plus haut, les secours pécuniaires doivent être à l'instant suspendus jusqu'à la décision du Comité.

Une lettre peut être ainsi rédigée par M. le Commissaire-Vérificateur, et être remise au Malade.

Monsieur,

Je vous préviens que, d'après la déclaration de M...., deuxième Adjoint, je suis autorisé à ne plus vous payer les journées de traitement en maladie; vous voudrez donc bien adresser vos réclamations au Comité prochain, si toutefois vous vous trouvez lésé.

Je m'acquitte du devoir qui m'est imposé par le Réglement.

Rapport doit être fait au Comité de la déclaration de MM. les Médecins.

Des Déclarations de Décès.

A la réception de l'avis qui lui en est donné par la famille du décédé, le deuxième Adjoint est tenu de se transporter de suite chez le Commissaire-Vérificateur pour lui demander la somme accordée pour les frais funéraires.

Il se transporte à la Mairie du domicile du défunt, pour commander et solder le convoi; ensuite il paye à l'église les frais de la cérémonie religieuse, en se conformant, pour le tout, au Réglement annexé aux présentes Instructions (Voyez l'Instruction sur les funérailles des Membres de la Société.) Il se fait donner quittance de toutes les sommes payées par lui, et en fait remise au Commissaire-Vérificateur au Comité suivant.

Comme il peut arriver que le Sociétaire décédé soit Membre de plusieurs Sociétés, dans ce cas seulement il fera son possible pour s'entendre avec les Commissaires des convois desdites Sociétés, à l'effet de donner aux funérailles du Sociétaire plus de luxe, tant pour la partie civile que religieuse; mais il ne pourra point, sous tel prétexte que ce soit, moins dépenser que la somme destinée par la Société, pour frais d'inhumation.

A la réception de la lettre d'avis de M. le Commissaire-Vérificateur, qui a rapport au décès du Sociétaire, et dont il est parlé dans l'Instruction de ce fonctionnaire, le deuxième Adjoint prendra huit copies de cette circulaire, et les adressera, par la poste, à chacun de MM. les Receveurs; il en paiera le port, et réclamera en Comité, à M. le Commissaire-Vérificateur, le remboursement de ses avances.

Il déposera dans son carton la lettre originale, et

la représentera toutes les fois qu'il en sera requis ; il en sera de même de tous ses rapports. Il aura soin aussi d'en classer toutes les matricules, et de leur donner un numéro d'ordre, à partir du n° 1er jusqu'au dernier qui terminera sa gestion : il mettra le tout sous enveloppe.

Le deuxième Adjoint apportera la plus grande promptitude dans les démarches qu'il aura à faire, soit pour le service des Malades soit pour les Convois.

Il aura le plus grand soin de ne jamais aller chez un Malade à jour nommé ; il est libre de prendre le jour et l'heure de ses visites ; et dans le cas où des affaires pressantes l'empêchent d'exercer momentanément ses fonctions, il en prévient le premier Adjoint, et le prie de le remplacer ; il pourra rendre le même service à ce fonctionnaire, si toutefois il en était requis par lui.

Comme il peut arriver que le nombre des Membres composant l'arrondissement du défunt soit moindre de vingt, M. le deuxième Adjoint aura soin de s'en assurer sur la Liste générale ; et dans le cas spécifié, il complètera le nombre des Membres de l'arrondissement, en invitant ceux qui, par leur domicile, se trouvent les plus rapprochés de l'arrondissement du défunt. Il remettra ses lettres au Receveur, qui les fera passer aux Membres invités, et ajoutera leurs noms à ceux de son arrondissement, pour en faire l'appel général au lieu de la sépulture.

Les deux Membres du Bureau seront pris à tour

de rôle, et leurs lettres leur seront remises par le garçon de bureau qui, pour cette commission, ne recevra aucune rétribution.

CHAPITRE VI.

Des Fonctions du Trésorier.

Le premier devoir d'un Trésorier est d'être probe et désintéressé ; de regarder le produit des économies de la Société comme le patrimoine de la veuve et de l'orphelin ; de ne jamais se servir, pour son intérêt particulier, des fonds qui lui sont confiés ; d'observer religieusement les articles réglementaires qui ont rapport à ses fonctions ; de payer exactement les mandats qui lui sont présentés dans l'intérêt des Sociétaires ou de la Société, et de placer les économies avec célérité, à l'effet de les faire fructifier; enfin, de remplir les devoirs de sa place en homme d'honneur.

ARTICLE PREMIER.

De la Tenue des Registres.

Le registre du Trésorier est divisé en sept parties, savoir :

1re Partie, consacrée aux frais de l'administration.
2e, Traitement des Malades ;
3e, Bons de médicamens ;
4e, Recette des Comités ;
5e, Ordre de placement à la caisse de prévoyance;
6e, Pensions ;
7e, Fête de Sainte-Cécile.

Nous ne saurions trop recommander aux successeurs de M. Lale, Trésorier actuel, la marche qu'il a adoptée dans la tenue de son registre ; cette marche est simple, et quoiqu'à la portée de tous ceux qui n'ont qu'une faible connaissance de la tenue des registres, n'en présente pas moins au premier aperçu l'état exact de toutes les parties de la comptabilité du Trésorier.

ARTICLE II.

Des Obligations du Trésorier envers la Société.

Le Trésorier est responsable de toutes les sommes qu'il reçoit pour le compte de la Société, même de celles qui sont touchées par son Adjoint, si toutefois ce fonctionnaire a été désigné par lui pour le représenter au besoin.

Il n'en serait pas de même si l'Adjoint avait été nommé d'office par l'Assemblée générale. Dans ce cas, cet Adjoint devient seul responsable des sommes qu'il touche, quand il ne peut présenter la quittance du Trésorier.

ARTICLE III.

Des Séances de Comité.

Le Trésorier assiste aux Séances de Comité, ou se fait remplacer par son Adjoint, il donne quittance aux huit Receveurs de la recette des cotisations mensuelles, et autres sommes perçues par eux pour le compte de la Société.

Il établit un bordereau provisoire, où il relate le numéro d'arrondissement du Receveur et la somme qu'il a versée : il en fait autant pour chacun des huit Receveurs;

Fait le total de la somme versée en Comité, et la proclame à haute voix.

Il tient compte, sur un petit registre, des versemens faits en comité, par chaque Receveur, met en tête : *Comité du. . . . . ou du. . . . . de tel mois ;* ensuite le nom du Receveur, le numéro de son arrondissement et la somme qu'il a versée, ainsi de suite.

Sur son grand registre il porte la recette en totalité, sans spécifier le nom de chacun des Receveurs.

Tous les trimestres il établit son compte de caisse, à l'effet d'être toujours prêt à justifier de sa gestion.

Jamais il ne se permettra de placer aucun fonds sans un arrêté du Comité.

Il donnera à chaque Comité l'aperçu de ce qui lui reste en caisse, pour faciliter les placemens.

Il aura soin de ne jamais laisser en souffrance le paiement des mandats pour maladie et bons de médicamens ; et dans le cas où ses affaires l'appelleraient hors de son domicile les jours où il a à payer, il doit remettre l'argent à son Adjoint, ou à un voisin, et indiquer sur sa porte que le porteur du mandat peut se présenter chez l'une ou l'autre personne désignée, et qu'il lui sera fait compte de la somme qu'il a droit de réclamer pour secours en maladie, ou pour l'acquit de frais funéraires.

Tous les ans le Trésorier rend compte à la Commission apuratoire.

Il doit classer les mandats qu'il a acquittés par numéro d'ordre, les mettre sous enveloppe, et désigner, sur la première feuille, la nature des pièces y renfermées.

Enfin, par la nature de ses fonctions il est le premier surveillant des intérêts de la Société; il doit donc faire tous ses efforts pour mériter la confiance dont il est honoré.

De son Suppléant.

Le Trésorier a droit de désigner son Suppléant, qui devient responsable envers lui seul, et non à l'égard de la Société. Dans ce cas seulement il doit faire part au Comité du choix qu'il a fait.

Modèle de la Lettre d'avis qui peut être rédigée ainsi :

Messieurs,

J'ai l'honneur de vous prévenir que, conformément à la latitude que me donne le Réglement, j'ai fait choix de M. . . . , pour me suppléer dans l'exercice de mes fonctions de Trésorier. La probité de ce Sociétaire et son zèle pour les intérêts de la Société me font croire que vous applaudirez au choix que j'en ai fait.

Votre dévoué co-Sociétaire,

N . . .

Trésorier titulaire.

CHAPITRE VII.

Des Fonctions de l'Archiviste.

L'Archiviste exerce ses fonctions pendant six années consécutives. Il est le dépositaire de toutes les pièces qui ont rapport aux opérations administratives de la Société.

Cette fonction demande de la part de celui qui l'exerce beaucoup de prudence, et un esprit d'ordre qui puisse contribuer à la sécurité des fonctionnaires chargés des intérêts de la Société; et, en effet, si un Archiviste, par insouciance, venait à égarer des pièces, il en pourrait résulter un grand préjudice pour la Société en général. La pièce égarée peut être une de celles dont le Sociétaire peut avoir le plus pressant besoin pour justifier de la justice de sa réclamation.

Il est donc essentiel que toutes les pièces qui sont confiées à sa garde restent classées dans le carton qui les renferment, de manière qu'au premier aperçu on trouve celles dont on peut avoir besoin pour le service de l'Administration ou du Sociétaire qui est autorisé légalement à la réclamer. A cet effet, pour procéder avec ordre, chaque pièce qui a rapport à une des parties de l'Administration est réunie sous une seule et même enveloppe, et la désignation générale de ces pièces est écrite sur le premier feuillet de l'enveloppe ; il en est de même pour toutes celles renfermées dans le carton.

L'Archiviste a un registre où se trouvent inscrits, par numéro d'ordre, tous les titres généraux de chaque liasse, de manière qu'il n'a qu'à se reporter, en cas de réclamation, au titre et au numéro d'ordre désignés sur son registre, et de suite il trouve dans son carton la liasse qui renferme la pièce qui lui est demandée.

La caisse à trois clefs est en dépôt chez lui. Cette caisse peut un jour renfermer tout l'avoir de la Société ou le livre de placement.

L'ouverture de cette caisse ne peut être faite que par MM. les Membres de l'Administration désignés par le Réglement, en exhibant toutefois le pouvoir qui les autorise à cet effet.

L'Archiviste doit toujours être présent à son ouverture, et doit signer le procès-verbal qui constate la remise des effets qui ont été extraits provisoirement de la caisse, et de ceux qui doivent n'y plus rentrer, comme argent monnoyé ou livre de placement.

Cette caisse, ainsi que tout ce qu'elle renferme, se trouve placée sous la responsabilité de l'Archiviste : il en est de même de tous les objets confiés à sa garde.

Les fonctionnaires de la Société ont seuls le droit d'extraire une ou plusieurs pièces des archives de la Société, et d'en prendre copie chez l'Archiviste, si toutefois ils sont porteurs d'une autorisation du Comité, dûment légalisée.

Dans le cas où il y aurait déplacement, ils doivent le faire mentionner sur l'extrait de l'arrêté du Comité dont ils sont porteurs, et remettre à l'Archiviste un reçu de la pièce qui leur est confiée.

Ce reçu doit porter la désignation de la pièce donnée par l'Archiviste; et lorsqu'elle lui est rendue l'Archiviste la remet sous l'enveloppe où elle se trouvait avant son déplacement, et donne à celui qui la lui rapporte un récépissé de la remise de cette pièce.

Ce récépissé est ainsi rédigé :

Je déclare que le S. . . . . . . m'a remis une pièce sous le N° . . . qu'il était dûment autorisé à retirer des Archives confiées à ma garde, et que cette pièce a été remise en son lieu et place.

Paris, ce

Signé *Archiviste de la Société.*

Tous les ans l'Archiviste reçoit chez lui un certain nombre de Membres de la Commission apuratoire, qui sont autorisés à prendre connaissance de l'ordre établi pour la conservation des Archives de la Société, et de la vérification du registre susmentionné.

CHAPITRE VIII.

Des Fonctions des Receveurs et de leurs Suppléans.

Le registre du Receveur est divisé en deux parties.

La première contient les deux tiers du registre, et sert à établir le compte ouvert de chaque Sociétaire, par DOIT et AVOIR ; la deuxième partie contient le tiers restant, et sert à inscrire, jour par jour, et au fur et à mesure, les paiemens faits par les Sociétaires.

Dans la première feuille on inscrit les noms des Sociétaires faisant partie de l'arrondisssement ; deux pages en regard sont destinées à chacun d'eux. Sur la première, en tête, sera inscrit le premier Sociétaire, par nom, prénom, âge, lieu de naissance, profession et demeure ; au dessus sera écrit, en gros caractère, le mot DOIT ; sur la feuille en regard le mot AVOIR. Cette opération se répétera autant de fois qu'il y aura de Sociétaire de l'arrondissement, dont le *maximum* est de vingt-cinq.

Sur la feuille où est écrit le mot DOIT, on portera tout ce dont le Sociétaire est débiteur envers la Société.

Sur la feuille en regard, où est écrit le mot AVOIR, tout ce que le Sociétaire acquittera.

Aussitôt qu'un Sociétaire vient acquitter ce qu'il doit, le Receveur inscrit sur la seconde partie de son registre, qui n'est autre chose qu'un journal, la somme payée, en désignant sa nature ainsi que la date du paiement; il en donne quittance au Sociétaire. Cette quittance doit être en tout point conforme à l'énoncé de son livre-journal.

Toutes les sommes reçues par le Receveur, et dont il a donné quittance, doivent être portées sur une feuille de bordereau, dont il sera ci-après parlé.

Le jour du Comité mensuel, le Receveur reçoit l'argent des Sociétaires jusqu'à six heures, et ferme son registre.

Le Receveur date les quittances qu'il donne du jour où il reçoit du Sociétaire.

Le jour du Comité mensuel le Receveur soumet son registre à l'examen du premier Adjoint, et au Commissaire-Vérificateur, si toutefois il en est requis.

La feuille de bordereau, donnée par le Receveur, relatera toutes les sommes reçues depuis le dernier Comité jusqu'au Comité suivant, et les sommes par lui reçues pendant la tenue du Comité; ensorte que ledit bordereau rélatera exactement toutes les sommes portées sur le livre-journal, avec les mêmes désignations et les mêmes dates, sous peine d'encourir, pour cause de négligence, l'application de l'article LXXVI du Réglement.

Ledit bordereau sera clos et signé par le Receveur au moment même de son livre-journal, un peu avant la tenue du Comité.

Les Receveurs et leurs Suppléans seront pris à tour de liste dans chacun des huit tableaux dont ils se trouvent faire partie.

Chaque tableau sera divisé en arrondissemens, désignés par 1er, 2e, 3e, jusqu'à huit, qui est le dernier.

Les Receveurs sont exclusivement chargés de percevoir les francs pour frais d'établissement, les droits d'admission, le prix du Réglement, la cotisation mensuelle, les cotisations forcées, les frais administratifs, les convois, les frais de la messe de Sainte-Cécile, et enfin toute espèce de recettes dont eux seuls sont chargés de donner quittance.

Le Receveur prévient, quinze jours d'avance, le Sociétaire près d'encourir la radiation. (Voyez l'article qui a rapport aux radiations.)

Le Receveur qui ne peut se rendre au Comité de versement, est autorisé, dans le cas d'affaires pressantes, à appeler son Suppléant douze heures au moins avant l'heure du Comité. (En cas de refus de fonction, voyez l'article LXXXIII du Réglement, page 25.)

Du Décès d'un Sociétaire.

Voyez l'Instruction générale, page 81.

Des Obligations du Receveur.

Après que le Receveur aura été prévenu d'un décès par le deuxième Adjoint, il se mettra en devoir d'envoyer une lettre d'invitation à chacun des Sociétaires de son arrondissement, qui seront invités par la Société, à assister d'office au convoi, sous peine d'encourir la cotisation forcée de 1 franc.

Le Receveur marchera, accompagné des Membres de l'Administration, en tête des Membres invités ; arrivé au lieu de la sépulture il fera l'appel et prendra note des absens : cette note sera remise par lui, au Comité suivant, à M. le Commissaire-Vérificateur.

Nota. Le Receveur est autorisé à payer au porteur des lettres d'invitation la somme de 2 francs ; cette somme lui sera remboursée de suite par le deuxième Adjoint.

Le Receveur qui néglige de se conformer aux présentes Instructions, paye 1 franc pour la première fois, et 2 francs pour chaque récidive. (Art. XIII.)

CHAPITRE IX.

INSTRUCTIONS POUR LES SOCIÉTAIRES.

Des Conditions pour être admis.

Voyez l'art. XXXII, page 14 du Réglement, et les art. XXXIII et XXXIV.

Des Obligations des Sociétaires.

Voyez l'art. XXXVI, page 15 du Réglement, et les articles suivans.

Des fausses Déclarations.

Voyez l'art. XL, page 16 du Réglement, et suivans.

En cas de fausse déclaration le Sociétaire encourra la peine double de l'art. LXXXIII du Réglement.

Des qualités mentionnées dans le Réglement pour pouvoir faire partie de la Société.

Voyez les art. XLII et suivans, page 16.

Des Candidats surnuméraires.

Voyez, même page, les art. XLIII et XXIV; XLV et XLVI de la page 17.

Des Droits des Sociétaires.

Voyez les art. XLVII, page 17; XLVIII, XLIX, L et LI, page 18; LII, LIII et LIV, page 19.

Des Pensions.

Voyez les art. LV, LVI, LVII, LVIII, LIX et LX, page 20; LXI, LXII, LXIII et LXIV, page 21; LXV, LXVI, LXVII et LXVIII, page 22.

Des Indemnités et de l'Expulsion.

Voyez les art. LXIX, page 22; LXX, LXXI, LXXII et LXXIII, page 23 et suivante.

Des Exemptions de Cotisation forcée.

Voyez l'art. LXXIII, pages 23 et 24.

Tenue des Comités.

Il y a Comité les premiers lundis de chaque mois, à cinq heures précises.

Le Sociétaire peut verser à son Receveur tout ce qu'il doit; mais il ne peut forcer son Receveur à lui donner quittance passé six heures; ce fonctionnaire étant autorisé à la lui refuser, vu la nécessité où il se trouve de prendre part aux délibérations du Comité.

Tout Membre étranger à l'administration ne peut délibérer en Comité, mais il peut assister à la séance. *(Voyez l'article XXVI du Réglement.)*

Il ne peut prendre la parole qu'après l'avoir demandée au Doyen, et ne doit émettre son opinion qu'avec calme; et, dans le cas contraire, il encoure la censure, et le droit de parler lui est interdit.

Le Sociétaire doit l'indemnité des premiers 25 centimes du moment que le Comité du mois précédent est fermé; ainsi, s'il doit janvier 1822, et qu'il n'ait point versé avant six heures au Comité de février, il est passible de l'amende, ainsi de suite.

Tout Sociétaire qui serait redevable de trois mois de cotisation mensuelle, n'a droit de réclamer les avantages de la Société que quinze jours après s'être acquitté de tout ce qu'il devait, soit qu'il s'acquitte avant de faire sa déclaration de maladie ou après l'avoir faite.

Des cas de Radiation.

Lorsque le Sociétaire doit plus de neuf francs, il encoure la radiation forcée, et il est rayé des contrôles.

Des Assemblées générales.

Tout Sociétaire qui n'a point signé la feuille de présence et répondu à l'appel, qui a lieu un peu avant de lever la Séance, est passible d'une cotisation forcée de 50 cent. pour chaque omission.

Exception a lieu pour le dernier appel des Membres domiciliés *extra muros*, dans la commune de Chaillot, ou ceux dont le domicile se trouverait près les barrières les plus éloignées du lieu des Séances.

Ces Sociétaires sont autorisés à quitter la Séance à sept heures et demie, après avoir répondu à l'appel fait par M. le Secrétaire.

Des Funérailles.

Tout Sociétaire nommé d'office pour accompagner le convoi d'un Membre décédé, et qui ne répond pas à l'appel qui a lieu après l'inhumation, paye 1 franc de cotisation forcée.

Affaire judiciaire entre le Sociétaire et la Société.

Tout Sociétaire qui prendrait à partie un Membre de l'Administration, ou l'Administration collectivement, pour une cause qui aurait rapport à ses intérêts envers la Société, et que, par le résultat du procès, il arrivât que le Sociétaire fût condamné par les Tribunaux, il serait exclu pendant un temps déterminé des Séances des Assemblées générales et de Comités, sauf le cas où il aurait des réclamations à faire dans son intérêt personnel; dans cette circonstance, il serait entendu par l'Assemblée ou le Comité qui ferait droit à sa réclamation, sans cependant déroger à son exclusion.

Il devient solidaire des frais que la Société aura fait pour obtenir justice; et dans le cas où le Sociétaire deviendrait insolvable, il encourt de fait la radiation, sans avoir aucun droit à réclamer les sommes versées par lui dans la caisse de la Société jusqu'au jour de sa radiation.

Des cas de démission ou de non acceptation aux diverses fonctions administratives.

Dans le cas où un Sociétaire, nommé à une fonction administrative, déclarerait ne savoir écrire, il sera placé dans la classe des Visiteurs.

Mais s'il arrivait à la connaissance du Commissaire-Vérificateur que le Sociétaire eût fait une fausse déclaration, le Sociétaire sera tenu de payer le double de la cotisation forcée qui a rapport à la non acceptation de fonction.

Il en sera de même à l'égard de tout fonctionnaire de l'Administration qui, dans la même circonstance, ferait une fausse déclaration.

Tout Sociétaire, nommé à une fonction quelconque, doit à la réception de l'avis qui lui en est donné par M. le Commissaire-Vérificateur déclarer, par écrit ou verbalement, qu'il accepte ou refuse la fonction à laquelle il est appelé; et ce, dans la huitaine de l'avis qu'il en a reçu.

Le Sociétaire qui ne se conformerait pas à la disposition ci-dessus, encourra une rétribution forcée de 1 franc pour cause de négligence.

Du Changement de Domicile.

Tout Sociétaire doit prévenir son Receveur de son changement de domicile : il doit lui faire connaître sa nouvelle adresse, le n° de sa maison ; cette mesure est d'autant plus utile pour le Sociétaire, qu'après le rapport fait au Commissaire-Vérificateur, par le Receveur, ce fonctionnaire peut placer le Sociétaire dans un arrondissement plus rapproché de son nouveau domicile, si toutefois le Sociétaire est entièrement à jour pour la liquidation de ses cotisations mensuelles ou pour toute autre rétribution.

Déclaration de Maladie.

Tout Sociétaire qui vient à tomber malade ou qui reçoit une blessure qui l'empêche de se livrer à ses occupations, doit adresser sa déclaration au premier Adjoint ; cette lettre doit être ainsi rédigée :

Monsieur,

J'ai l'honneur de vous faire part que je suis retenu chez moi par une maladie qui m'empêche de me livrer à mes occupations habituelles ; veuillez bien, Monsieur, me faire accorder par la Société les secours pécuniaires et la Carte de Dispensaire ; vous obligerez celui qui a l'honneur de vous saluer.

Et le malade signera son nom, et ajoutera sa demeure et le n° de sa maison ; s'il ne sait point signer, il fera signer sa lettre par un voisin ou parent ; il aura soin d'écrire sur le dos de sa lettre, en gros caractères, *Déclaration de Maladie.*

Si la lettre est remise à un porteur, il ajoutera, sur une feuille à part, l'adresse du Commissaire-Vérificateur; mais, avant tout, le porteur doit s'adresser au premier Adjoint. (*Voyez la liste des Sociétaires en fonctions dans l'Annuaire de l'année courante.*)

Dans le cas où le Malade ne demanderait que les secours pécuniaires, il ne parlera point dans sa lettre de la Carte du Dispensaire; il déclarera seulement qu'il désire être soigné par le Médecin de l'arrondissement, qui ne pourrait lui faire accorder les bons de médicamens, la Société ayant un Dispensaire à sa disposition; ces bons n'étant accordés au Malade qu'à défaut de Cartes de Dispensaire, il serait donc inutile de les réclamer ne voulant point se servir du Dispensaire.

La déclaration peut être envoyée par la poste et adressée, avant tout, au premier Adjoint, qui certifie d'après les bordereaux l'état financier du réclamant à l'égard de la Société. Si le Malade veut apporter de la célérité dans l'envoi, il en charge un de ses amis ou un commissionnaire, qui se transporte de suite chez le fonctionnaire; et dans le cas où le fonctionnaire serait absent, il irait de suite trouver le Commissaire-Vérificateur.

Mais en admettant que le premier Adjoint puisse répondre, le même porteur, d'après l'avis qui lui en est donné par le premier Adjoint, se transporte chez le Commissaire-Vérificateur, lui remet la déclaration du Malade et la note du premier Adjoint; il reçoit du Commissaire-Vérificateur les deux feuilles de prescription jointes aux deux lettres; la première est portée par lui au Médecin de l'arrondissement du Malade, la deuxième au Visiteur; il a soin de presser la visite du Médecin; ensuite il rapporte, chez le Malade, les deux feuilles de prescription qui lui ont été remises, ainsi que les feuilles imprimées pour bons de médicamens; la première est remise au Médecin par le Malade. Sur cette feuille, le Médecin est tenu de déclarer que le Malade est hors d'état de vaquer à ses occupations habituelles, et la nature de sa maladie; la seconde feuille est remise au Visiteur; le Médecin écrira sur la feuille de prescription le jour de sa première visite, qu'il est obligé de rendre dans les douze heures, de l'avis qu'il en a reçu. Dans le cas où le Médecin de la Société aurait oublié de se rendre chez le Malade dans les douze ou quinze heures qui suivront l'envoi de la lettre au premier Adjoint, le Malade est autorisé à faire appeler un Médecin du quartier, et cette visite lui sera remboursée par la Société sur un reçu de ce Médecin, qui aura soin de spécifier la date et l'heure à laquelle il aura rendu sa visite.

Tout Sociétaire qui n'a point fait sa déclaration de maladie au premier Adjoint, et qui ne s'est point conformé à ce que lui prescrit le Réglement, n'a point droit à réclamer, après son rétablissement, les secours pécuniaires accordés par la Société; tout certificat de Médecin, étranger à la Société, qui attesterait sa maladie, ne sera point admis.

Une indisposition momentanée ne peut exempter

le Sociétaire du franc de cotisation forcée, pour absence à l'Assemblée générale ou extraordinaire ; mais si le Sociétaire remet à son Receveur un certificat du Médecin qui lui aura donné ses soins pendant cette courte indisposition, le Receveur est autorisé à ne rien exiger du réclamant, et à lui faire la remise de la rétribution mentionnée plus haut; ce fonctionnaire remettra le certificat, au comité suivant, à M. le Commissaire-Vérificateur, qui invitera le premier Adjoint à rayer de son tableau la cote qui avait rapport à la rétribution imposée au réclamant.

CHAPITRE X.

Des Fonctions du Visiteur.

Les fonctions de Visiteur sont sans contredit d'une grande utilité dans une Société de Secours Mutuels; c'est sur le zèle du Visiteur que le Malade a droit de compter pour percevoir le traitement qui lui est dû par la Société.

Si le Visiteur ne se rend pas chez le Malade avec assiduité, il laisse quelquefois une famille respectable dans l'embarras, et contribue, par sa négligence, à augmenter les chagrins domestiques de l'épouse, qui veille à la conservation des jours de son mari et aux besoins de ses enfans.

La négligence d'un Visiteur, compromet les intérêts de la Société en général, parce que chacun des Membres qui la compose, sont solidaires des engagemens contractés en commun, et par chacun d'eux en particulier. Cette insouciance du Visiteur, après avoir compromis les intérêts de ses co-Sociétaires dans l'affliction, force le Commissaire-Vérificateur à sévir contre celui qui s'en rend coupable; et c'est toujours avec regret que ce fonctionnaire se voit forcé d'appliquer les rigueurs du Réglement dans une circonstance pareille, où, d'un côté, il voit un de ses co-Sociétaires dans le malheur, privé des secours qui lui sont dus, par la négligence d'un Visiteur, qui par oubli de ses devoirs contribue à aggraver la position du Malade; et, de l'autre, un mauvais Sociétaire qui oublie que le premier devoir de l'homme de bien est d'aimer son prochain comme lui-même, et de le secourir autant qu'il est en lui dans toutes les occasions de la vie.

D'après ces principes conservateurs de toute société, il est essentiel de regarder les fonctions de Visiteur comme une des plus respectables d'une Société de Secours Mutuels.

A la réception de l'avis du Commissaire-Vérificateur le Visiteur se rend chez le Malade, y prend la feuille signée par le Médecin, et la rapporte de suite au Commissaire-Vérificateur qui lui remet un mandat, plus les bons imprimés pour secours de médicamens et lui fait payer, par le Trésorier, cinq jours en avance de traitement pécuniaire; cinq jours après, il rend au Malade la seconde visite et la constate sur la feuille de prescription qui reste à la disposition du Malade jusqu'à son entier rétablissement;

et tous les cinq jours le Visiteur est tenu de se conformer aux mêmes formalités, à l'effet de constater sa visite, et ce tout le temps que dure la maladie.

Il remettra au Malade les fonds qui lui sont dus et lui fera donner un reçu.

Ce reçu sera ainsi rédigé sur la feuille imprimée :

J'ai reçu de M.   Visiteur, la somme de dix francs, pour cinq jours de traitement pécuniaire.

La date et le jour de paiement est d'obligation de la part de celui qui reçoit; et dans le cas où le Malade ne saurait point écrire, il fera faire le reçu par la personne qui prend soin de lui, ou par un de ses amis, qui mettra en tête du reçu : *Le sieur ..... ayant déclaré qu'il ne savait point écrire, m'a autorisé à donner le présent reçu. Signé.....*

Quand le Visiteur s'apercevra que le Malade est en état de reprendre ses travaux, il l'invitera à prier le Médecin de le mentionner sur la feuille de prescription; une fois cette époque mentionnée sur cette feuille, il la reprendra des mains du Malade, et l'apportera, ainsi que les feuilles imprimées qui n'auraient point été employées par le Docteur pour ses ordonnances médicales, chez le Commissaire-Vérificateur, lui déclarant que ses fonctions, vu la déclaration du Docteur, sont terminées à l'égard du Malade qu'il était chargé de visiter; il joindra à ces feuilles celles qu'il aura signées tous les cinq jours, pour prouver qu'il s'est acquitté avec zèle de ses fonctions.

Le Visiteur exerce pendant deux ans ses fonctions, mais il alterne avec son Suppléant tous les six mois ; et dans le cas où des affaires pressantes l'empêcheraient de se rendre chez son Malade, il est autorisé à se faire remplacer par la personne qui est appelée à partager ses fonctions ; il aura soin de la prévenir à temps, pour que le service n'éprouve aucun retard. De même, par réciprocité, il rendra le même service à son confrère, lorsqu'à son tour il exercera les mêmes fonctions.

S'il s'apercevait que le Malade négligeât les conseils du Médecin, ou fit de fréquentes sorties sans son autorisation, il fera des représentions à ce Malade : ces représentations seront douces et amicales; et dans le cas où le Malade n'y ferait aucun droit, il est obligé d'en prévenir le Commissaire-Vérificateur.

Toutes les fois qu'un Malade prolonge sa convalescence au-delà des bornes raisonnables, il compromet les intérêts de la Société, et le Visiteur, en négligeant d'en prévenir le Vérificateur, manque à son devoir, et encourt par là la cotisation forcée.

Nota. Cette surveillance n'a lieu qu'à l'égard des Malades qui ne sont point soignés par les Médecins honoraires de la Société ou du Dispensaire.

Enfin, le devoir d'un Visiteur est de concilier, autant qu'il est en lui, les intérêts du Malade et ceux de la Société : on s'en rapporte à sa prudence ; et c'est sur son zèle que se repose le fonctionnaire chargé de l'exécution du Réglement.

CHAPITRE XI.

Instructions pour MM. les Médecins honoraires.

A la réception de la lettre d'avis de M. le Commissaire-Vérificateur, M. le Médecin voudra bien se transporter chez le Sociétaire malade, à l'effet de constater sur la feuille de prescription qui lui sera présentée, la nature de maladie du Sociétaire ; dans le cas où la gravité de la maladie empêcherait le Malade de vaquer à ses affaires et l'empêcherait d'exercer sa profession, il en sera fait mention sur cette feuille, qui, signée et paraphée par lui, est remise au Malade.

Il en sera de même pour les bons de médicamens qui lui seront remis par le Malade ; après avoir écrit son ordonnance, il signera le bon et le datera. Ce bon sera remis au malade pour en faire l'usage convenable.

Dans le cas où M. le Docteur serait indisposé il voudra bien en faire part de suite à M. le Commissaire-Vérificateur.

Le Malade ne peut réclamer les visites du Médecin honoraire du moment qu'il est visité par le Médecin attaché au Dispensaire ; il est dans l'obligation d'en prévenir le Médecin honoraire, qui, à partir de la déclaration du Malade, cesse de le visiter et de lui donner des bons de médicamens.

Si M. le Médecin honoraire acquiert la certitude

que la maladie est chronique, et que le Malade en était atteint avant sa réception à la Société, il voudra bien le mentionner sur la feuille de prescription ; il aura la bonté d'en faire son rapport particulier à M. le Commissaire-Vérificateur.

Il en sera de même pour les maladies secrètes et blessures reçues à la suite d'une rixe, si toutefois le Malade a été provocateur ; il entre dans les intérêts de la Société de ne point accorder de secours pécuniaires aux Membres dont la maladie se trouvera dans cette catégorie ; et en cela les fonctionnaires de cette Société se repose avec confiance sur le zèle et l'impartialité de MM. les Médecins.

Il peut arriver que le Médecin honoraire continue de donner ses soins à un Sociétaire pendant tout le cours de sa maladie ; dans ce cas il est prié de ne permettre la reprise des travaux au Malade que lorsqu'il n'a plus à courir de danger de rechute ; il voudra bien aussi accorder au Sociétaire une convalescence de plusieurs jours après son entier rétablissement, si toutefois la maladie a été grave ; et si dans le cours de la convalescence le Malade a besoin de sortir, M. le Docteur voudra bien le mentionner sur la feuille de prescription, à l'effet de mettre le Sociétaire à l'abri de tout soupçon d'imprudence capable de compromettre son entier rétablissement.

La Société des Choristes a la plus grande confiance dans MM. les Médecins honoraires de la Société, n'ayant eu jusqu'à ce jour qu'à se louer de leur zèle philantropique : elle ne les invite point à la persévérance ; l'habitude qu'ils ont de se rendre utiles à l'humanité est le gage le plus précieux pour elle de leur empressement à soulager les Membres de la Société auprès desquels ils seront appelés.

Pénétrée de reconnaissance elle fait mentionner honorablement dans ses procès-verbaux, les noms et les services que ces messieurs lui ont rendus, et un extrait en est envoyé à la Société Philantropique et à chacun des Membres de la Société des Choristes.

CHAPITRE XII.

Instructions pour MM. les Pharmaciens.

La Société des Choristes a un Pharmacien dans chacun des arrondissemens administratifs.

Ils sont chargés de délivrer tous les médicamens prescrits par MM. les Médecins honoraires pour le soulagement des Membres de la Société, toutes les fois qu'une personne se présente, porteur d'un bon imprimé, revêtu du timbre de la Société et semblable au modèle qui leur a été donné par M. le Commissaire-Vérificateur. M. le Pharmacien doit donner les médicamens ordonnancés sur le bon. Tous les médicamens doivent être vendus et délivrés à la Société à un prix raisonnable : on s'en rapporte à cet égard à la philantropie de MM. les Pharmaciens de la Société des Choristes, qui ne feront pas moins pour elle que leurs respectables confrères ne font à l'égard de toutes les Sociétés de Secours Mutuels.

Une fois soldés, ces bons lui seront remis avec la quittance du montant.

MM. les Pharmaciens se rappelleront qu'ils ne doivent, aux termes du Réglement, délivrer au Malade que jusqu'à la concurrence de vingt francs de médicamens; que, dans le cas ou la nécessité forcerait le Malade de passer cette somme, ils sont tenus de s'en faire rembourser le montant par le porteur de l'ordonnance.

CHAPITRE XIII.

Instructions pour MM. les Censeurs.

Les Membres désignés pour être Censeurs reçoivent une lettre d'avis de M. le Commissaire-Vérificateur quatre jours au moins avant l'Assemblée générale.

MM. les Censeurs désignés doivent se rendre à quatre heures et demie au plus tard dans la salle des Séances de la Société.

Ils invitent les Membres, au fur et à mesure qu'ils arrivent, à signer la feuille de présence et à prendre place sur les banquettes à ce destiné.

Lorsque les feuilles de présence sont closes par M. le Doyen, les Censeurs exigent de tous les Membres qui se présentent l'exhibition de leur carte d'entrée ; et dans le cas où quelques-uns l'auraient oubliée, ils les invitent à se faire reconnaître par deux Membres de la Société ou à se présenter au bureau.

Les Censeurs secondent M. le Doyen dans l'ordre et la tranquillité qui doivent régner pendant la tenue de l'Assemblée générale.

Ils invitent au silence, à l'effet de régulariser l'ordre établi dans la discussion qui a rapport aux intérêts de la Société.

MM. les Censeurs sont invités à lire la présente Instruction avant de se présenter à l'Assemblée générale. Dans le cas d'affaires pressantes qui pourraient les empêcher d'y assister, ils doivent en prévenir M. le Commissaire-Vérificateur et l'inviter à pourvoir à leur remplacement : la lettre doit être affranchie, et elle doit être envoyée au moins douze heures avant la tenue de la Séance, sous peine d'encourir la cotisation forcée pour cause de négligence.

Si M. le Commissaire-Vérificateur n'était point prévenu à temps, le Doyen désignerait un ou deux Censeurs séance tenante.

CHAPITRE XIV.

Instructions pour la Fête de Sainte-Cécile.

La Société des Choristes fait célébrer tous les ans une Messe d'action de grâce dans une des Églises de la capitale. Tous les Membres qui la compose se réunissent dans l'Église désignée pour cette solennité; ils reçoivent chacun un billet d'invitation qui leur indique l'heure de la réunion et le jour qu'elle a lieu : leurs épouses et leurs enfans sont également invités, au nom de la Société, à assister à cette cérémonie religieuse.

Cinq Commissaires sont choisis dans la Société, et sont chargés de tout ce qui a rapport au cérémonial de la fête, et aux dépenses que la Société est dans la stricte obligation de faire.

Ces Commissaires rendront compte de l'emploi de la somme à ce destinée, et établiront la spécialité autant que faire se pourra des diverses sommes qu'ils auront à payer, et devront procéder à l'emploi des fonds avec prudence et économie.

Ils désignent un de leurs Membres pour faire un rapport à la prochaine Assemblée sur les mesures qu'ils ont cru devoir prendre pour que cette solennité soit célébrée d'une manière conforme aux sentimens religieux que partagent tous les Membres de la Société ds MM. les Choristes.

Ils nomment six membres pris dans la Société, hors du bureau, à l'effet de les seconder pendant le service divin : ces membres reçoivent un avertissement des fonctions qu'ils auront à remplir pendant la cérémonie.

Dans la Séance du Comité qui précède le jour de la solennité, M. le Doyen dépose six noms dans une urne : ces noms sont ceux des épouses ou filles des Membres du bureau ou de la Société,

Avant de les inscrire, le Doyen prend l'avis des parens et les invitent à consentir au choix du Comité. Après cette invitation, il tire de l'urne le premier nom, et proclame la personne qui doit présenter l'offrande de la Société.

Il désigne le plus jeune des Membres du bureau pour l'accompagner à l'offrande et à la quête qui se fait dans l'Eglise pendant le service divin; il n'y a aucune dépense à la charge de la personne désignée, la Société faisant tous les frais de la cérémonie.

Immédiatement après la Messe, le Doyen de la Société, avec les Membres du bureau, accompagnés des Membres désignés pour les fonctions mentionnées plus haut, se transportent à la Sacristie, pour remercier MM. les membres du clergé qui ont assisté à la cérémonie et célébration de la Messe, et ensuite se transportent chez M. le Curé pour lui présenter l'offrande de la Société, le produit de la quête, et lui témoigner, au nom de la Société, le tribut de sa reconnaissance.

Il y a deux sortes de cotisations pour subvenir aux dépenses de cette fête; la première est de 50 c. pour chaque Sociétaire contribuable: elle est d'obligation; la seconde est volontaire. Chaque Receveur rend compte, sur un bordereau particulier, de son résultat, et désigne nominativement les noms et la somme versée volontairement par chacun de ses administrés. Ce compte est remis au Trésorier, au Comité qui précède le jour de la solennité.

CHAPITRE XV.

ARTICLE PREMIER.

Instructions générales sur les Déclarations de Décès (intra muros.)

Les Parens ou Héritiers doivent se présenter avant tout à la Municipalité du défunt pour y faire leur déclaration.

Après cette déclaration faite, ils se transporteront chez le deuxième Adjoint, et l'inviteront à se conformer aux Instructions annexées au présent Réglement et qui ont rapport aux convois.

En cas d'absence du deuxième Adjoint, ils se présenteront chez le premier Adjoint qui procédera de suite à l'exécution de la présente Instruction.

La famille peut se faire remettre autant de billets d'invitation qu'elle en aura besoin ; ils lui seront comptés, par M. le Commissaire-Vérificateur, à raison de 2 fr. 50 c. le cent : vingt-cinq compteront comme cinquante ; il en sera de même pour tous les nombres au dessus de cinquante qui seront payés comme un cent ; cette somme entrera dans les retenues à faire par M. le Commissaire-Vérificateur.

ARTICLE II.

Des Obligations du Receveur.

Après que le Receveur aura été prévenu de décès par le deuxième Adjoint, il se mettra en devoir d'envoyer une lettre d'invitation à chacun des Sociétaires de son arrondissement, qui seront invités, par la Société, à assister d'office au convoi, sous peine d'encourir la cotisation forcée de 1 franc.

Le Receveur marchera accompagné des Membres de l'administration en tête des Membres invités; arrivé au lieu de la sépulture, il fera l'appel et prendra note des absens.

Cette note sera remise par lui, au Comité suivant, au Commissaire-Vérificateur.

Nota. Le Receveur est autorisé à payer au porteur des lettres d'invitation, la somme de 2 francs : cette somme lui sera remboursée de suite par le deuxième Adjoint.

ARTICLE III.

Frais Funéraires.

La Société des Choristes veut que les Sociétaires qui viendront à décéder soient inhumés avec décence; que le corps du défunt soit présenté à l'Église, et soit accompagné au lieu de la sépulture par une députation de ses Membres.

ARTICLE IV.

Réglement du Convoi.

Il sera payé à la Mairie 56 fr.; 36 fr. pour corbillard, et vingt fr. pour droit communal; 6 ou 8 fr. pour le cercueil, et 1 fr. 50 cent. pour menus frais ou pour-boire. A l'Église 20 ou 24 fr. au plus.

Dans le cas où le Sociétaire décédé ferait partie d'une autre Société, ou de plusieurs autres, la famille doit en prévenir la Société dans sa lettre de part; dans ce cas seulement, le deuxième Adjoint se transportera ou donnera l'heure de sa présence à la Mairie du décédé, aux Commissaires chargés des convois dans la Société ou dans les Sociétés du décédé ; il s'entendra avec ces Messieurs pour ne faire qu'une seule et même somme pour l'acquit des frais de la pompe civile et religieuse, en se conformant toutefois au Réglement des Convois, annexé aux Instructions de la Société de MM. les Choristes.

Si le Sociétaire décédé est attaché par profession à l'Église, la somme que la Société accorde pour le service religieux sera remise à l'épouse ou aux enfans du défunt, et à leur défaut aux père et mère, aux frères et sœurs ou enfans adoptifs ; et s'il ne se trouvait aucun héritier compris dans la classification mentionnée plus haut, la somme sera versée par le second Adjoint entre les mains de M. le Trésorier, qui la portera en compte sur son registre de recette.

CHAPITRE XVI.

Instructions pour la Commission de l'Examen des Comptes.

L'Assemblée nomme, à la majorité relative, cinq Membres, à l'effet d'examiner les comptes de MM. les fonctionnaires.

Ces comptes comprennent toutes les dépenses et recettes qui ont eu lieu pendant l'exercice des fonctions des comptables.

Ces cinq Membres, nommés par l'assemblée générale, se réunissent en commission de révision des comptes, en la salle des Séances, sous la présidence de M. le Doyen, qui les invitent à nommer leur Président et un Secrétaire ; ces deux fonctionnaires sont installés par M. le Doyen, qui doit, après cette formalité remplie, se retirer.

Le Président de la commission fait l'appel des membres comptables de l'administration, ensuite de MM. les Receveurs.

La commission procède à l'examen des registres et des pièces à l'appui, s'assure de leur exactitude, arrête le DOIT et AVOIR de la société, et donne quittance définitive à chacun des fonctionnaires dont les comptes sont apurés, désigne le Membre de la commission qui sera chargé de donner lecture à l'Assemblée générale de ses opérations, et ordonne à son Secrétaire de rédiger le procès-verbal de leur séance, lequel procès-verbal et rappor sont signés et paraphés de MM. les Membres de la commission.

Nota. Il est essentiel, dans l'intérêt de la Société, que les Membres de cette Commission soient choisis dans le nombre des Membres instruits de la Société, étant obligés, par la nature de leurs fonctions, de soumettre aux calculs les plus rigoureux les comptes de deux années d'exercice.

Tous les procès-verbaux de la commission doivent être après le rapport, séance tenante, remis signés et paraphés par M. le Doyen et le Secrétaire, à M. le Commissaire-Vérificateur qui les déposent aux archives.

Lorsque les comptes sont apurés et reconnus en règle, MM. les Membres de la commission donnent une quittance finale aux fonctionnaires comptables ; cette quittance est écrite au bas de la feuille du registre ; elle doit mentionner, en toute lettre, le compte arrêté du fonctionnaire, et déclarer que ledit fonctionnaire a géré avec honneur et probité pendant le temps qu'a duré ses fonctions. La même formalité a lieu à l'égard des Receveurs dont les fonctions sont terminées ; la quittance finale doit être écrite sur leur registre, et copie doit leur en être délivrée par le Commissaire-Vérificateur et le premier Adjoint, qui approuve et signe.

Il en sera de même pour la copie à délivrer au Commissaire-Vérificateur et au Trésorier ; leurs quittances doivent être approuvées par les Membres de la commission apuratoire à la fin de chaque année, et revêtues du timbre de la Société.

CHAPITRE XVII.

Dispositions générales.

Tout Receveur qui n'aura point versé au comité, sera tenu dans les deux fois vingt-quatre heures de se présenter chez M. le Trésorier, de lui remettre en dépôt la somme qu'il aurait dû verser, et d'y ajouter le bordereau de recette.

Il lui sera remis par le Trésorier un reçu provisoire qui deviendra nul au comité suivant, puisque la somme déposée sera rendue au Receveur pour faire partie de son versement du jour.

Tout Receveur qui ne se conformerait pas à cette mesure et qui garderait la recette, le rapport en sera fait au comité. Ce Receveur encourra la cotisation forcée de deux francs pour le premier mois ; et en cas de récidive il sera remplacé, rayé et poursuivi judiciairement.

M. le Commissaire-Vérificateur fera l'inventaire de tous les effets mobiliers appartenant à la Société, et remettra cet inventaire à la commission des comptes à la fin de sa gestion.

Lorsque par accident une partie de ces effets se trouvera en moins ou altérée, il en sera fait mention au comité afin de les remplacer ou de les faire réparer.

Cet inventaire sera fait à chaque mutation du Commissaire-Vérificateur, à l'époque de son entrée en fonctions, lequel prendra connaissance des effets inventoriés, et donnera un reçu à celui qui lui en fera la remise.

Le Commissaire-Vérificateur aura un tableau ou liste générale de tous les Sociétaires, avec leurs noms, prénoms, qualités et demeures, numéros de maisons, arrondissemens, etc.

Plus un second tableau par arrondissement administratif, ou sera relaté tous les noms de MM. les Fonctionnaires en exercice, et ceux des Membres qui auront cèssé leurs fonctions ou démissionnaires.

On aura soin d'écrire la date de l'entrée, ou de la cessation desdites fonctions. Il en sera de même pour MM. les Visiteurs.

Copie de ce tableau sera remise à M. le second Adjoint et à M. le Secrétaire.

CHAPITRE XVIII.

De l'Annuaire.

Tous les ans, dans le courant de Janvier, à partir de 1823, il sera remis à chacun des Sociétaires, un tableau imprimé, ou Annuaire des opérations administratives et financières de la Société.

Ce tableau sera divisé en plusieurs parties.

Dans la première partie seront placés les arrêtés pris en Assemblées générales.

La seconde partie mentionnera les perceptions faites à chaque Comité du mois, les dépenses administratives, les sommes accordées pour secours en maladies, l'état des sommes placées et portant intérêts, la somme restant en caisse, et enfin tout ce qui a rapport aux finances de la Société.

La troisième et dernière partie contiendra la nomenclature des Sociétaires qui auront été admis dans le cours de l'année, et de ceux des Membres qui auront encouru la radiation, et enfin les noms des Sociétaires décédés.

Le tout sera terminé par la liste générale des Membres composant la Société, en tête de laquelle seront les noms des Membres de l'administration. Cette liste sera faite par lettre alphabétique et le chiffre de l'arrondissement administratif, le n° d'affiliation, leur demeure, profession et n^os^ de maisons.

Vu, arrêté et collationné par les Membres de la Commission, chargés de l'examen des Instructions générales à annexer au Réglement de la Société des Choristes, sous l'invocation de Sainte-Cécile, ce 27 janvier 1823.

Signé BUISSON, *Président*, GIOU, MOISY, BASSET, *Membres de la Commission*, et LAVARDE, *Secrétaire-Rapporteur.*

Nota. Lesdites Instructions ont été approuvées par M. le Préfet de Police, chargé spécialement de la surveillance des Sociétés de Secours Mutuels.

FIN.

TABLE.

FIN DE LA TABLE.

BIBLIOTHEQUE ... I

www.ingramcontent.com/pod-product-compliance
Ingram Content Group UK Ltd.
Pitfield, Milton Keynes, MK11 3LW, UK
UKHW020935180726
13838UKWH00002B/971

9 782329 297583